JOURN[

HISTORI[

DU VOYAGE

FAIT AU CAP

DE

BONNE-ESPÉRANCE,

Par Feu

M. l'Abbé DE LA CAILLE,

DE L'ACADÉMIE DES SCIENCES;

Précédé d'un Discours sur la Vie de l'Auteur ;
suivi de remarques & de réflexions sur les Cou-
tumes des Hottentots & des Habitans du Cap.

AVEC FIGURES.

A PARIS,

Chez GUILLYN, Libraire, Quai des Augustins,
près le Pont S. Michel, au Lys d'or.

M. DCC. LXIII.

Avec Approbation & Privilège du Roi.

TABLE

DES PRINCIPALES PARTIES

de ce Recueil.

AVANT-PROPOS,

Où l'on annonce & où l'on explique le plan de ce Recueil.

LE Recueil qu'on présente au Public contient, 1°. Un Discours Historique sur la Vie & sur les Ecrits de feu M. l'Abbé de la Caille. 2°. Le Journal Historique de son Voyage au Cap de Bonne - Espérance. 3°. Des Remarques sur le territoire du Cap & sur les mœurs des Hottentots. 4°. Une Réfutation des principales erreurs contenues dans le Livre composé sous le nom de Kolbes, sur les Hottentots & sur le Cap. Le Journal & le Difcours font accompagnés de Notes.

1°. Le Difcours qui précéde le Journal , eft un hommage qu'un des amis de feu M. l'Abbé de la Caille a cru devoir rendre à fa mémoire ; il en conçut le projet auffi-tot après la mort de l'Académicien. Pour l'exécuter, cet ami a raffemblé tous les faits que fa mémoire a pu lui préfenter. Il a confulté ceux qui avoient eu la même part que lui à l'intimité de M. de la Caille , & c'eft d'après les détails que lui ont fourni fes recherches qu'il a compofé ce Difcours. Il n'a rien négligé pour faire connoître au Public un Sçavant du premier ordre , qui s'eft efforcé pendant toute fa vie de cacher fes grands

talens fous le voile de la modeftie.

L'ordre de ce Difcours eft
chronologique. On prend l'Abbé
de la Caille dès le moment de fa
naiffance, & on le fuit dans le
cours de fes études. La premiere
époque de fa vie Académique
eft le moment où il commence
à être initié dans la Science des
Aftres. Placé dans fon centre,
il donne l'effor à fes talens,
& le grand homme fe forme.
L'Académie le reçoit au nombre
de fes Membres; & notre Sçavant juftifie ce choix par des
Ouvrages qui réuniffent tous les
fuffrages. Il enrichit les Regiftres
de l'Académie d'excellens Mémoires, & il confacre tous les
momens de fa vie à l'utilité publique.   a iv

Le voyage du Cap lui fournit l'occafion de porter à fon comble fon mérite & fa réputation. Un retour heureux, & des fuccès complets, couronnent les travaux d'un féjour de trois ans, fous un Ciel étranger. L'Académicien préfente au Monde fçavant la Carte exacte d'un Hémifphère célefte peu connu jufqu'alors ; des raretés d'Hiftoire Naturelle, des mefures de degrés, des regles pratiques pour l'avancement de la Navigation & de la Marine : en un mot il étonne autant par le nombre & par l'étendue des nouvelles connoiffances qu'il rapporte, & des découvertes qu'il a faites, qu'il fatisfait par leur importance & leur utilité, & par le grand jour que fes

travaux répandent fur différentes
parties des Mathématiques.

De retour dans fa patrie, au
lieu d'un repos néceffaire, il re-
prend cette vie occupée qu'il menoit avant fon voyage d'Afrique ;
non content d'enrichir continuellement la République des
Lettres par de nouveaux Ouvrages, il forme des projets plus
vaftes encore que ceux qu'il a
déja exécutés. Il n'entreprend pas
moins que de donner à la Science
de l'Aftronomie, toute la perfection dont elle eft humainement
fufceptible. C'eft au milieu de
l'exécution d'un deffein fi immenfe, qu'il a été enlevé ; malgré tous les dehors & l'apparence
d'un tempérament robufte qui
fembloient lui promettre une

longue vie , la mort a coupé le fil de fes jours , lorfqu'il étoit encore dans la force de l'âge ; & elle a privé par-là le monde, d'une de fes plus grandes lumieres.

L'on n'a pas eu recours , en compofant ce Difcours , aux ornemens que l'art oratoire a coutume de prêter , lorfqu'on cherche à embellir un fujet : l'éloge d'un vrai Sçavant n'a pas befoin de ces reffources. On s'eft uniquement attaché à la vérité & à l'exactitude des faits. Pour rendre intéreffant le portrait d'un grand homme , il fuffit de le peindre tel qu'il eft.

Le Difcours eft fuivi de Remarques. On les y auroit inférées pour la plûpart , fi on les avoit reçues à tems. Le Difcours étoit imprimé lorfqu'on les a communiquées. Elles font, à l'exception de deux ou trois, d'un Académicien bien connu, qui avoit part à l'amitié de feu M. l'Abbé de la Caille, & qui l'a plufieurs fois fecondé dans fes travaux.

Les Numéros qui précédent les Remarques, indiquent la page à laquelle elles correfpondent. Elles ont été compofées pour fervir d'explication & de développement à quelques endroits du Difcours, qui pouvoient paroître un peu trop concis. La Note fur les correfpondances, placée à la page 103, auroit été plus étendue, fi on avoit eu le tems de raffembler, à ce fujet, des enfeignemens plus nombreux. M. de la Caille étoit, de tous les

Sçavans connus, celui dont on
s'empreſſoit le plus à rechercher le commerce, parce qu'il
étoit vrai, obligeant, & qu'il
réuniſſoit un grand nombre de
connoiſſances, indépendamment
de la partie dans laquelle il excelloit.

2°. La réputation qu'il a ſi juſtement acquiſe, donne tout lieu
de préſumer que le Journal Hiſtorique de ſon voyage au Cap de
Bonne - Eſpérance ſera favorablement reçu. Les Relations de
voyages piquent naturellement
la curioſité. Elles ont le double
avantage d'inſtruire & de plaire.
Elles préſentent un tableau varié par des ſituations ſans nombre; ſource d'une infinité de réfléxions.

Quelle satisfaction pour un lecteur de franchir par degré, des espaces de trois à quatre mille lieues, à travers les dangers de la mer, sans courir aucun risque? D'habiter en idée une température différente de la sienne, relativement aux saisons, à la société, aux productions, sans renoncer aux commodités de la vie, & sans sortir du centre des occupations qui partagent ses momens? Quel plaisir on goûte de se voir transporté au milieu d'un peuple sans culture, qui n'a, pour se conduire, que la voix de la simple nature ; dont les mœurs & les coutumes ne ressemblent, en aucune sorte, à celles de la Nation dont on est membre ?

Combien ces avantages deviennent-ils plus vifs & plus fenfibles, lorfqu'on eft affuré que les Hiftoires de voyages que l'on a fous les yeux, ont pour auteur des témoins oculaires, véridiques, fans préjugés comme fans prétentions, verfés dans la connoiffance des hommes, dans l'Hiftoire Naturelle, & dans toutes les parties qui diftinguent le vrai Sçavant de l'homme vulgaire.

On ofe affurer que tous ces caractères qu'on trouve rarement réunis dans un voyageur, & qui font cependant néceffaires pour infpirer de la confiance, font propres au Journal Hiftorique de M. l'Abbé de la Caille.

Ce Sçavant avoit fait une étude approfondie des hommes ; il ex-

celloit dans bien des genres, &
fur-tout dans ceux où doit être
initié un Obfervateur qui voyage.
Il étoit ennemi déclaré de tout
ce qui pouvoit bleffer l'exacte vérité ; auffi n'affure-t-il rien qu'il
n'ait vû par lui même. Il avoit
entre les mains un prétendu
voyage au Cap , rempli de fautes, & qui au lieu de faits certains & avérés , contenoit des
merveilles deftituées de tout fondement. Cette circonftance le
rendit plus circonfpect encore.
Il examina tout en critique. Les
faits dont il rend compte dans
fon Journal , font expofés avec
une bonne foi fcrupuleufe & une
fimplicité de récit , qui en mettent la vérité à l'abri de tout
foupçon.

Il ne faut pas confondre avec le texte du Journal quelques additions qu'on y a jointes, pour remplir des vuides, ou pour fervir d'explication. On a eu foin de diftinguer ces additions par des guillemets.

La diction du Journal eft fimple & fans tranfitions, fans aucun de ces tours étudiés que les voyageurs ont coutume d'employer, pour expofer, fouvent pour exagérer leurs fatigues & les dangers qu'ils ont courus. On reconnoît par-tout la marche uniforme d'un Sçavant confommé dans fa partie, à-peu-près comme un vieux Militaire, qui entreprendroit la Relation d'une Campagne à laquelle il auroit eu part.

L'auteur fuit l'ordre chronologique. Il quitte Paris & s'em-
barque à l'Orient. Chaque jour
eft marqué par une ou plufieurs
Obfervations fur les latitudes &
fur les longitudes en mer , ou
par quelque découverte aftronomique. Les relâches & les féjours
font remplis de remarques & de
réfléxions fur toute forte d'objets importans; rien d'intéreffant
n'échappe à la fagacité du fçavant
voyageur.

On a fupprimé dans l'édition
du Journal, le détail des longitudes & des latitudes , comme
pouvant être ennuyeux & défagréable au commun des Lecteurs.
On l'auroit cependant rapporté
à caufe de fon utilité , fi l'illuftre
Académicien ne l'eût point placé

ailleûrs. On a confervé tout ce qui regarde les marées, les tems, les calmes, la vraie & fauſſe eſtime des hauteurs, les vues de promontoires, d'Iſles, de Caps, & en général tout ce qui eſt capable de fixer l'attention dans une route en pleine mer.

La route de M. l'Abbé de la Caille fut interrompue par une relâche qui ſemble avoir été ménagée pour notre inſtruction. Le Gouvernement de Riò - Janeïro nous étoit peu connu. Les habitans eux - mêmes ignoroient une infinité de choſes qui pouvoient tourner à l'avantage du commerce, & à leur propre ſatisfaction. Pendant qu'on eſt occupé à caréner un petit bâtiment qui étoit le ſujet de la relâche, notre

Sçavant parcourt l'Ifle avec des
yeux connoiffeurs, auxquels rien
n'échappe de ce qui peut être
utile à la fociété. Les mœurs, les
ufages, la nature du Gouvernement, les productions naturelles,
les oifeaux, le bétail, les mé-
téores & jufques aux crépufcules,
occupent un loifir que tout autre
auroit employé à fe remettre des
fatigues d'un voyage pénible. La
partie de cette defcription, qui
concerne le Gouvernement de
l'Ifle, pique fingulièrement la
curiofité, par le contrafte des regles de ce Gouvernement avec
nos Mœurs.

Le Cap de Bonne-Efpérance
avoit été le principal & même le
feul objet de la miffion de l'illuftre Aftronome. Il devoit y ob-

ferver des étoiles inconnues en Europe ; tâche auſſi pénible qu'importante. M. l'Abbé de la Caille en fit ſon principal objet. Il régla même ſon ſéjour au Cap ſur la durée de ſes obſervations. Mais ſon Journal nous apprend qu'il porta ſon attention ſur toute ſorte d'objets ; & qu'il ne lui eſt échappé rien d'intéreſſant ſur tout ce qui avoit rapport au Gouvernement de la Colonie du Cap, aux mœurs des Hottentots, aux productions naturelles , &c. Il employoit à ces recherches ſes loiſirs de la journée , qui auroient à peine ſuffi à tout autre tempérament que le ſien, pour ſe remettre des fatigues de la nuit. On a retranché du Journal qu'on rend public, les calculs &

les découvertes aftronomiques,
parce que ces matières ne peuvent être entendues que par un
petit nombre de gens de Lettres,
Aftronomes de profeffion.

On a répandu dans le Journal
plufieurs Notes pour expliquer
quelques termes qui ne font pas
à la portée du commun des Lecteurs. On renvoie aux Diction-
naires , pour avoir l'explication
du furplus de ces termes.

Toutes les précautions qu'un
Editeur peut prendre, pour rendre exactement l'orthographe des
noms propres, on les a employées
ici. Les fautes qui feront échap-
pées à cet égard , ne doivent être
rejettées fur perfonne.

On a joint au Journal Hiftorique une Carte réduite de celle

que M. de la Caille a fait graver
de fon vivant. On a ajouté à
celle-ci quelques pofitions, avec
une vue du Cap & de la Montagne de la Table, que le fieur Dupin, Graveur, a très-bien exécutée, fur les inftructions qui
ont été trouvées dans les Mémoires de M. de la Caille. Cette vue
qui n'eft qu'une miniature, peut
fervir à réformer celles qu'on
trouve dans l'Extrait de Kolbe,
& dans l'Hiftoire générale des
Voyages. Le fieur Dupin a gravé
cette même Carte en un format
plus grand, qu'on trouvera chez
lui, (petite rue d'Enfer en la
Cité.)

Le voyage de M. l'Abbé de la
Caille au Cap de Bonne-Efpérance, avoit été interrompu par

ſon ſéjour à Rio-Janeïro. Son
retour du Cap en France fut
beaucoup retardé par un ordre
imprévu qu'il reçut, de ſe tranſ-
porter aux Iſles de France & de
Bourbon.

Le ſujet de ſon voyage à l'Iſle
de France étoit de lever une
Carte exacte de cette Iſle, travail
pénible & rempli de difficultés ,
qui demandoit toute ſon expérience & tout ſon zéie : des forêts impénétrables , des marais,
des vallées profondes , des ruiſſeaux , des rivieres, des bras de
mer , & l'irrégularité d'un terrein
ſouvent impraticable , avoient
été comme autant d'écueïls pour
pluſieurs Ingénieurs , dont les
uns avoient abandonné le travail ; d'autres plus patiens qu'é-

clairés, avoient conduit leur opération à fa fin, mais fans en remplir toutes les parties avec exactitude.

Les détails du Journal qui
concernent l'Ifle de France, font
divifés en deux parties. La premiere commençant à la page
197, eft l'expofé des opérations
exécutées dans cette Ifle par l'illuftre Aftronome. La feconde eft
une defcription de cette même
Ifle.

La premiere partie nous a paru
un morceau de la plus grande
utilité pour tous ceux qui ont
des objets de ce genre à remplir.
Les particularités qu'elle contient,
apprennent qu'il eft des rencontres, où le travail & la patience
doivent venir au fecours des lumieres

mières ; que fouvent les grands
talens ne fuffifent pas pour arriver à un certain degré de perfection , s'ils ne font foutenus par
un tempérament robufte , &
par les forces du corps , pour fur-
monter des obftacles & des dangers qui ne font pas moindres
que ceux dont fe plaignent les
perfonnes qui exercent les fonc-
tions les plus pénibles.

Quoique la defcription de l'Ifle
de France ait été inférée dans les
Mémoires de l'Académie , nous
n'avons pas cru devoir la retran-
cher du Journal. Elle en fait partie, & ne peut que plaire au plus
grand nombre des lecteurs , auxquels il n'eft pas ordinaire d'a-
voir fous la main les Mémoires
de l'Académie des Sciences.

b

Le Journal contient peu de chofes fur l'Ifle de Bourbon. Les Obfervations que M. de la Caille y a faites, font rapportées dans les Mémoires de l'Académie, année 1754. On a cru devoir fuppléer une courte defcription de cette Ifle, afin de rendre le Journal plus complet.

Le Sçavant Voyageur s'eft un peu plus étendu fur l'Ifle de l'Afcenfion, dont la fituation étoit importante à déterminer, pour l'utilité de la navigation.

3°. La mort prématurée de M. l'Abbé de la Caille a privé le Public d'un Traité Hiftorique, qui auroit paru, touchant les ufages & les mœurs des Hottentots, & des habitans du Cap, fi ce trifte événement avoit été différé de

quelques années. Il en avoit couté
à quelques-uns de ſes amis beaucoup de ſollicitations & d'importunités pour l'y déterminer.

L'illuſtre Abbé apportoit pour
raiſon de ſon refus, qu'il n'avoit
pour cette opération, ni le ſtyle ni
les matériaux qui conviennent
aux Relations ; que ce qu'on lui
demandoit étoit un objet de pure
curioſité, plus amuſant que ſolide;
qu'il n'étoit pas un homme à relations ; qu'il avoit voyagé comme Aſtronome, & que ce qu'on
lui demandoit, étoit abſolument
étranger à l'objet de ſa miſſion.

Ces raiſons jointes à un enchaî-
nement d'occupations, qui ſuivi-
rent les premieres années de ſon
retour, & qui le fixerent ſur un
travail qui tenoit plus particuliè-

rement au fujet de fon voyage,
lui furent, pendant plufieurs années, des prétextes très - plaufi-
bles de ne rien accorder aux
empreffemens de ceux qui le follicitoient.

On vint à bout de l'abattre
dans les derniers tems, en lui re-
préfentant qu'il n'en eft point
des Relations de voyages, lorfqu'elles font véridiques, comme
de ces Romans, deftinés à remplir les loifirs d'une vie volup-
tueufe ou défœuvrée, fans laiffer
dans l'efprit aucune trace d'inftruction : que rien n'eft plus propre à inftruire que le tableau des
mœurs étrangeres ; de celles fur-
tout où la vertu & le vice paroiffent à découvert fous différens
rapports, fans déguifement, fans

fard, fans apprêts, fans ces fauf-
fes nuances qui en impofent
aux yeux , & qui ne fervent qu'à
colorer & à flatter les défauts; que
la vertu envifagée fous de nouveaux points de vue, & enfeignée
par des exemples , inculque de
plus en plus fes maximes dans
l'efprit de ceux qui la confide-
rent : que le vice préfenté à nud ,
infpire plus d'averfion & occa-
fionne fouvent des retours falu-
taires qui portent à reformer des
abus , ou qu'on fe diffimuloit ,
ou qu'on ne connoiffoit pas : que
les obfervations des Aftres n'ex-
cluent pas celles des coutumes
& des mœurs ; que ce qui a été
découvert par occafion & comme
par cas fortuit, n'eft fouvent pas
moins utile que les connoiffances

qui ont été acquifes par des recherches & par des combinai-
fons : enfin qu'à l'égard du ftyle,
plus il eft fimple, plus il convient
aux Relations.

Avant fon départ du Cap,
M. l'Abbé de la Caille avoit mis
par écrit fur les lieux, un certain nombre de Remarques fur
les coutumes & fur les mœurs des
Habitans du Cap de Bonne-Efpérance, & fur celles des Hottentots. Ces Remarques euffent
fervi comme de bafe au Traité
Hiftorique qu'il devoit commencer à la fin de l'été, qui a fuivi la
faifon où il eft mort.

On donne ici ces Remarques
à la page 275, telles qu'on les a
trouvées parmi fes écrits. On n'y
a rien ajouté : on a mieux aimé

les faire précéder d'Obfervations préliminaires fur les coutumes des Hottentots ; matiere qui n'eft prefque pas traitée dans les Remarques. L'on n'avance aucun fait , dans ces Obfervations, qui n'ait été plufieurs fois raconté par l'auteur des Remarques.

Le ftyle des Remarques eft fimple : elles font expofées fans art, nettes & concifes. Elles auroient pu être , dans d'autres mains , la matiere d'un Volume raifonnable , en y ajoûtant quelques détails pris du fond des chofes ; comme elles font détachées, on a cru devoir les divifer par articles. Telles qu'on les donne , elles ne peuvent manquer de plaire , parce qu'elles préfentent le récit fidéle d'un témoin oculaire, qui rend compte lui-même des particularités qui l'ont frappé, lorfqu'il étoit fur les lieux ; qui ne cherche ni à féduire par les agrémens de la diction, ni par l'éclat du merveilleux, comme il arrive fouvent aux auteurs des Relations de voyages.

4°. M. l'Abbé de la Caille avoit pour maxime, de ne blefer la réputation de qui que ce foit dans fes écrits. S'il a attaqué Kolbes & s'il l'a réfuté par des Notes Critiques, c'eft qu'ayant à courir la même carriere que celui-ci avoit entreprife, il avoit trouvé un grand nombre de faits, dont la vérité & l'exactitude le mettoient continuellement en contradiction avec le tiffu des

fables qui compofent les trois Volumes extraits des Mémoires
dreffés fous le nom de cet Allemand. Kolbes d'ailleurs avoit
bleffé la probité, en ne rempliff-
fant pas lui-même aucune des parties qui avoient formé l'objet de
fa miffion.

Au refte, les Notes & les Réfléxions n'attaquent que l'ouvrage, & point du tout la perfonne de Kolbes. Les Remarques
préliminaires qui regardent la
conduite de cet Allemand pendant fon féjour au Cap, ont été
communiquées par une perfonne
très-inftruite, à laquelle M. l'Abbé de la Caille en avoit fait part,
deux mois avant fa mort.

L'édition de Kolbes fur laquelle l'auteur des Notes s'eft ré-

glé, eft celle qui a été publiée
en trois Volumes in - douze à
Amfterdam, fous l'adreffe de
Jean Catuffe, en 1743.

Dans fes Notes, l'Aftronome
François fuit pas à pas le voyageur Allemand, depuis la Préface de fa Defcription jufqu'à la
fin du troifiéme Tome. Il indique
les endroits qui font repréhenfi-
bles, & expofe les raifons qui
l'autorifent à condamner l'auteur
de l'Extrait. Ses raifons diffipent
l'illufion, fubftituent la lumiere
de la vérité à l'éclat trompeur
de la fable, & font difparoître
les idées romanefques & fédui-
fantes, que l'éloignement des lieux
n'avoit pas encore permis de réduire à leur jufte valeur.

Non content de renverfer de

proche en proche toutes les parties de l'édifice de Kolbes, M. l'Abbé de la Caille établit plusieurs points importans, & expose des faits qu'on peut regarder comme un Supplément aux Remarques sur les Hottentots & sur le territoire du Cap.

Les matieres contenues dans ce Volume ont couté beaucoup de peine à rassembler, malgré les complaisances & les facilités que l'on a trouvées de la part du Sçavant, que M. l'Abbé de la Caille a rendu dépositaire de ses Mémoires, par Testament. On est suffisamment dédommagé de ces peines, par le plaisir d'avoir publié des écrits, qui, sans les soins qu'on a pris, n'auroient peut-être jamais vu le jour.

Il eſt honorable de contribuer à recueillir les dépouilles des grands hommes, après leur mort. C'eſt une ſatisfaction des plus flatteuſes d'être l'inſtrument des trophées qu'on érige à leur mémoire, pour leur aſſurer de plus en plus l'immortalité dans l'eſtime de la Poſtérité.

DISCOURS

DISCOURS
HISTORIQUE

Sur la Vie & sur les Ecrits de feu M. l'Abbé DE LA CAILLE, de l'Academie Royale des Sciences.

LOUER, après leur mort, les hommes rares qui ont caché, pendant leur vie, de grands talens sous le voile de la modeftie, c'eft payer à leur mémoire un tribut légitime : c'eft même une reftitution plutôt qu'un tribut.

Les témoignages de l'eftime publique ne leur fervent de rien à la vérité dans le féjour des morts ; mais des amis héritiers de leurs fentimens recueillent ces témoignages comme une fucceffion

A

en dédommagement de la perte qu'ils ont faite.

A des connoiſſances vaſtes & ſubli-mes, le Sçavant que nous regrettons, joignoit toutes les qualités d'une belle ame. Doublement utile à la ſociété, il l'a ſervie par ſes travaux immenſes, & l'a inſtruite par des rares exemples de gé-néroſité & de droiture.

Son mérite littéraire eſt généralement reconnu. Le François qui le vante n'ap-prend rien à l'Etranger. Les Grands & les Miniſtres qui brillent de l'éclat du Trône, uniſſent leurs ſuffrages à ceux d'un public éclairé ſur la juſtice qui lui eſt dûe; mais les amis qui le cultivoient dans le commerce d'une vie privée, ont été les témoins d'une conduite ſou-tenue par des ſentimens ſupérieurs à toutes les louanges.

Tel il a vêcu, tel il eſt mort. Nous nous propoſons de faire une eſquiſſe de ſa vie, en attendant qu'une main plus ha-bile publie un éloge digne de lui.

Nicolas-Louis de la Caille nâquit le
15 Mars 1713, à Rumigni, Bourgade
du Diocèſe de Rhéims, ſituée à deux
lieues de Roſoy en Thiérache, de N.
Louis de la Caille & de Barbe Rebuy.
Il tenoit par des alliances à pluſieurs familles anciennes & diſtinguées du Lao-
nois. Comme il avoit un éloignement
décidé pour toutes les diſtinctions, il
n'a jamais permis qu'on recherchât ſon
origine. Il diſoit que la vraie nobleſſe
ſe déclare par les ſentimens ; qu'on ne
doit jamais remonter à la connoiſſance
de ſes ayeux par l'amour d'un vain titre, mais ſeulement pour ſe ſoutenir
dans le chemin de l'honneur par des
exemples de probité & de vertu.

Son pere qui avoit ſervi dans le Corps
des Gendarmes & dans l'Artillerie,
jouiſſoit en 1713 d'un revenu honnête,
& menoit une vie retirée, qu'il varioit
par l'étude des hautes Sciences. Il cultivoit la Méchanique avec ſuccès. Il in-
ventoit des machines très-ingénieuſes,

qu'il exécutoit pour employer ses momens de loisir ; homme d'esprit & d'une
grande probité.

Si les circonstances qui accompagnent
la naissance des enfans pouvoient servir
de présage, il eût été naturel de présu-
mer qu'un Sujet né au sein des Arts &
des belles connoissances, devoit un jour
tenir un rang distingué dans la République des Lettres.

Dès l'âge le plus tendre, M. l'Abbé
de la Caille fit pressentir ce qu'il seroit
& ce qu'on pouvoit attendre de lui pour
l'honneur de la Littérature & pour l'utilité de la patrie ; car il en est des génies
comme des fleurs, qui presqu'en naif-
fant, & long-tems avant de développer
aux yeux tout leur éclat, marquent si
elles seront de prix, ou d'une espece commune.

Son pere, attentif au moment où la
raison commence à percer dans les Su-
jets précoces, saisit en homme intelli-
gent le point convenable pour commen-

set son éducation : il jugeoit que l'âge tendre est le plus propre à recevoir les impressions de la vertu & les semences des perfections qui concilient l'estime publique. Il eut la satisfaction de voir éclore en son fils des talens naturels qui se fortifioient avec l'âge.

Un projet exécuté avec perte, pensâ détruire le plan d'éducation que le sieur de la Caille avoit préparé à son fils. Voulant travailler à l'avancement de sa fortune, il entreprit la construction d'un Moulin à Papier, qu'il conduisit à sa fin avec beaucoup de goût & d'intelligence. Des contre-tems, des infidélités d'Entrepreneurs & d'Ouvriers, le jetterent dans des dépenses énormes, qui absorberent en peu d'années tout le fonds de ses revenus.

Il semble que la fortune prenne plaisir à traverser les Sçavans qui visent à l'accroissement de leurs biens : elle les favorise plus volontiers lorsqu'ils ont en vûe des intérêts qui leur sont étrangers.

Feu M. le Duc honoroit le fieur de
la Caille de fa protection. Il le mit à la
tête d'un Etabliffement qu'on alloit former dans une Ifle de l'Amérique. Celui-ci fe rendit à Nantes en 1725, par
ordre du Prince, dans le deffein de s'embarquer. Tout changea ; le Chef de la
Colonie fe trouva une feconde fois fans
état. Feue Madame la Ducheffe du Mai-
ne le reçut à Anet, à la perfuafion de
M. le Duc. Le fieur de la Caille tint
chez elle la conduite que le devoir & la
reconnoiffance demandoient. Il fit des
améliorations confidérables aux dépen-
dances de la Terre d'Anet, en tirant
parti d'une infinité de moyens qu'on
avoit négligés jufques-là. Il reprit l'éducation de fon fils, & le confia enfuite
au Principal du College de Mantes-fur-
Seine, fon ami ; ce fut-là que l'Abbé
de la Caille fit fes Claffes d'Humanités
jufqu'à la Rhétorique.

Il quitta Mantes en 1729, & vint à
Paris au Collège de Lifieux, où fon pere

le plaça en qualité de Penſionnaire. Il
y fit deux années de Rhétorique avec
l'eſprit & le jugement d'un âge plus
avancé, malgré les incommodités d'une
ſanté foible & d'un eſtomach dérangé,
qui lui permettoient à peine de digérer
les alimens néceſſaires à la vie.

C'eſt dans cette Claſſe de Rhétorique
qu'il contracta l'habitude de lire en tout
tems & toute ſorte de ſujets. Il plaçoit
avec ordre dans ſon eſprit les fruits de
ſes lectures ; chaque genre avoit, pour
ainſi dire, une caſe dans ſa mémoire,
où il diſtribuoit les notions qu'il acqué-
roit. L'Hiſtoire, les Antiquités, la Mythologie, l'Eloquence Latine & la Poë-
ſie partageoient ſon tems : il contracta
par une lecture réfléchie des Œuvres de
Cicéron un ſtyle de Latinité très - pur.
La Préface de ſon Ouvrage, intitulé,
Aſtronomiæ fundamenta, eſt une preuve de ſon goût.

Il chériſſoit Horace parmi les Poëtes.
Il en avoit ſouvent les paſſages à la bou-

A iv

che. Horace est le Poëte du bon sens.
Il donne aux caractères des nuances de
vérité qui raviffent. Saifir fes penfées,
époufer fon génie, c'eft partager la gloire qu'il s'eft acquife dans l'empire de la
raifon. Au fortir de la Rhétorique, l'Abbé de la Caille fit fon Cours de Philofophie au Collége de Lifieux, & après fa
Philofophie, il étudia trois ans en Théologie au Collége de Navarre.

Son goût pour les Mathématiques ne
s'étoit pas encore déclaré faute d'occafion ; tout portoit à croire que fes incli-
nations tourneroient du côté des Belles-
Lettres. Un pur hazard lui mit la main
fur les Elémens d'Euclides. Il les comprit fans Maître, & une premiere lecture captiva fa raifon. L'évidence qui
femble couler des Elémens de cet Ancien, fit briller à fes yeux une vive lumiere, qui ne lui permit plus de fe livrer
à d'autre étude qu'à celle des Mathématiques. De toutes les conquêtes qu'a faites
Euclides, celle-ci eft une des plus ho-

norables à sa mémoire. Il a formé un Disciple qui l'a égalé. Dans la carriere des Lettres, il est honorable aux Maîtres d'être atteints & mêmes surpassés par les Disciples qu'ils ont instruits.

A la fin de sa Théologie, l'Abbé de la Caille se disposa à prendre les deux degrés de Maître-ès-Arts & de Bachelier en Théologie. C'étoit l'intention de son pere. Il résolut de s'y conformer, quoique décidé pour un genre d'étude tout différent.

Son premier examen de Maître-ès-Arts eut une issue très-favorable; à la fin du second, les Examinateurs le comblerent d'éloges. Il falloit pour couronner l'œuvre, le suffrage du sous-Chancelier, qui, en l'absence du Chancelier, fait la cérémonie de donner le Bonnet.

C'étoit un Docteur attaché par goût à l'ancienne Philosophie. Une question qu'il proposa sur des matieres surannées & proscrites depuis long-tems des Ecoles, lui attira une réponse vraie qui l'ir-

A v

rita. Il refufa de donner le Bonnet de
Maître-ès-Arts au Candidat ; cependant
les Examinateurs l'y contraignirent.
Vaincu fans céder, le Docteur obligea le Récipiendaire à recevoir le Bonnet avec des diftinctions humiliantes ,
qu'il accompagna de marques extérieu-
res de répugnance & de contrainte :
combat fingulier des qualités occultes
& de l'évidence : fpectacle intéreffant
d'un Sage en Scholaftique , qui craint de
profaner fon Bonnet, marque de fa dignité, en le paffant d'une tête garnie des
diftinctions de Scot & de Lombard , fur
une tête ornée des connoiffances d'Euclides & d'Archimède.

　Senfible au procédé , l'Abbé de la
Caille fe fortifia dans la réfolution de
fe livrer fans réferve à l'étude des Mathématiques. Il dit un adieu éternel à
la Théologie & aux Bancs, voua aux
Scholaftiques & aux Sectateurs de l'ancienne Philofophie , une antipathie de
laquelle il n'eft jamais revenu. Son père

lui avoit envoyé une fomme pour paffer Bachelier : il employa cette fomme à des Livres de Mathématiques qui lui manquoient.

Cette fcene a tourné fans difficulté au profit des Lettres ; elle fait cependant connoître combien il eft effentiel de choifir des perfonnes éclairées & circonf- pectes pour remplir les places auxquel- les eft attaché le privilege de décider du fort & de la capacité des fujets. Ces chofes fe paffoient à la fin de l'année 1736.

Un Eccléfiaftique refpectable (*a*), qui avoit des liaifons avec le pere de M. de la Caille, & avec feu M. Caffi- ni, propofa à celui-ci l'Abbé de la Cail- le comme un Eleve digne de fon choix, qui avoit du talent pour le calcul, & beaucoup de difpofitions à exceller dans la connoiffance des Aftres. M. Caffini voulut connoître le fujet, il le fit opé-

(*a*) M. Léger, préfentement Curé de Saint André des Arts.

rer en fa préfence fur divers objets. Il
fut frappé du goût & de la méthode
avec lefquels le jeune Abbé procédoit.
Il remarqua dans fes idées & dans fa
maniere d'opérer une netteté, une juf-
teffe & une précifion qui lui cauferent
un plaifir fenfible. Demeurez avec moi,
lui dit ce Sçavant refpectable, nous cal-
culerons tant & plus. Je vous offre ma
maifon & toute mon amitié. L'Abbé
répondit comme il devoit à cette effu-
fion de cœur. Il fe fixa à l'Obfervatoire,
remplit & furpaffa l'attente du célèbre
Aftronome, & mérita fon eftime, moins
encore par fes talens & par fes progrès,
que par fes fentimens & par fa reconnoiffance.

L'art du Calcul n'a jamais été porté
au point de perfection où il eft parvenu.
L'Abbé de la Caille excelloit dans cette
partie. Il opéroit avec autant de fureté
que de facilité. Il arrivoit à fon terme
par le chemin le plus court. Ses métho-
des & fes formules avoient le double

avantagè de la clarté & de la précifion. Le Calcul eft la bafe de l'Aftronomie ; avec fon fecours nous connoiffons le mouvement & la diftance des Aftres. On eft redevable au calcul du bel ordre que les Aftronomes ont mis dans l'Empire des Cieux, & de l'exactitude de leurs opérations.

Les premieres obfervations de M. l'Abbé de la Caille font du mois de Mai 1737. C'eft en ce mois qu'il prit poffeffion d'un empire dont il devoit étendre les bornes & embellir les domaines.

Un premier coup d'œil lui dévoila la dignité & l'utilité d'une Science auffi ancienne & auffi étendue que le monde. Les Aftres annoncent la majefté & la puiffance d'un Créateur : ils inftruifent les hommes à révérer leur auteur. On a trouvé des peuples infenfibles aux attraits du luxe, & même aux commodités de la vie : on n'en a pas encore vu qui n'ayent été frappés de l'éclat des aftres, & qui n'ayent obfervé les Corps céleftes pour régler leurs actions.

L'entrée de M. l'Abbé de la Caille à l'Obfervatoire a été le commencement d'une vie active qui affermit fa fanté. M. Caffini s'applaudiffant de l'acquifition qu'il avoit faite, la publioit partout. M. Maraldi, témoin des progrès & de la capacité du nouvel Aftronome, en conçut une grande eftime, & rechercha fon amitié. Il lui procura toutes les facilités qui dépendoient de lui. Aidé de ces deux Sçavans, l'Abbé de la Caille fournit fa carriere à pas de géant. Il conçut pour ces deux Maîtres les fentimens qu'ils méritoient. Il perdit le premier par un accident imprévu, & cette perte excita en lui une douleur vive & fincere. L'autre lui furvit : il l'a laiffé dépofitaire de fes Manufcrits, comme pour rapporter à leurs fources les connoiffances qu'il avoit puifées dans fes confeils.

En 1738 au mois de Mai, l'Abbé de la Caille partit avec M. Maraldi pour lever les côtes de la mer depuis Nantes jufqu'à Bayonne : opération très-utile à la navigation. Notre fçavant donna en cette rencontre de nouvelles preuves de fes talens.

M. Dominique Caffini, M. de la Hyre & M. Maraldi, oncle de l'Académicien d'aujourd'hui, avoient entrepris en 1690 de tracer une Méridienne du Midi au Septentrion de la France, L'opération avoit été terminée en 1718 par M. Caffini & par M. Maraldi. Comme on avoit alors des Inftrumens moins parfaits que ceux dont on fe fert préfentement, il fe gliffa quelque erreur dans l'opération. Vingt-huit ans s'écoulerent fans qu'on entreprît de la vérifier. M. Caffini en conçut le deffein : il en chargea M. l'Abbé de la Caille, conjointement avec M. de Thury fon fils. L'entreprife bien conduite devoit auffi faciliter l'exécution d'une defcription géométrique de toute la France, dont M. Caffini avoit été chargé en 1733, par M. Orry, Contrôleur Général des Finances; cette defcription devoit commencer par la parallele de

Paris, à laquelle M. Caſſini avoit déja travaillé.

Quand on conſidere, ſans être initié dans les connoiſſances aſtronomiques, la diſtance immenſe des cieux à la terre, on a peine à trouver quelque rapport entre l'Aſtronomie d'une part, la Géographie & l'Hiſtoire de l'autre. Une premiere réflexion n'y découvre qu'oppoſition.

La vaſte étendue des Cieux, le cours conſtant & uniforme des Aſtres principes de la lumiere, ſont le principal objet de l'Aſtronomie, tandis que les autres Sciences cherchent ſur la ſurface de la terre des points fixes, & tirent de l'obſcurité des dépôts, les monumens propres à inſtruire. L'éclat perſévérant des globes lumineux qui roulent ſans ceſſe au-deſſus de nos têtes, ſymboles de la puiſſance immuable du Créateur ; les édifices périſſables, les tombeaux, les ruines mêmes, ſymboles de la fragilité humaine & du néant de la Créa-

ture, femblent être les caractères diftinc-
tifs de l'Aftronomie & de l'Hiftoire :
celle-ci tire la lumiere des ténébres,
l'autre attend les ténébres & l'obfcurité
des nuits pour obferver les Aftres qui
répandent la lumiere. L'une explique le
paffé à l'aide des monumens & de la
critique : l'autre perce dans l'avenir avec
le fecours du calcul.

Cependant la Géographie emprunte
toute fa certitude de l'Aftronomie , à
caufe du rapport immuable des points
du Ciel avec ceux de la terre ; & l'Hiftoire
fans l'Aftronomie ne pourroit fixer furement l'époque des grands événemens.
L'ouvrage de la Méridienne a été comme la bafe de la belle Carte générale de
la France , dont on donne tous les ans
plufieurs feuilles au public.

La nouvelle Méridienne devoit être
tracée depuis Perpignan jufqu'à Dunkerque. M. l'Abbé de la Caille partit
pour Perpignan avec M. de Thury au
mois de Juillet 1739. Il fut à peine ar-

rivé, qu'il commença la partie des opéǂ
rations dont il s'étoit chargé. Un acciǂ
dent pensa l'enlever à l'exécution de ses
vûes.

Il côtoyoit à cheval une petite riviere
profonde, groffie par la chûte de plufieurs torrens qui fe précipitoient des
Pyrénées. Le cheval qui marchoit par
un chemin fort étroit, fit un faux-pas ;
tomba dans la riviere, & entraîna fon
cavalier dans fa chûte. L'effroi faifit
ceux qui accompagnoient notre Sçavant.
Cependant le cheval reparut feul beaucoup plus bas que l'endroit de fa chûte.
On regardoit la perte du cavalier comme affurée, lorfque tout-à-coup l'Abbé
reparut au bord oppofé avec un grand
fang-froid. Il changea d'habit, & reprit
le fil de fes opérations jufqu'à la fin
d'Octobre.

Au mois de Novembre, il fut rappellé
à Paris pour prendre poffeffion de la
Chaire de Mathématiques du Collége
Mazarin, à laquelle il avoit été nom-

mé. Il repartit enfuite pour Perpignan.
Le froid qui devint exceffif à la fin de
Novembre, & dans le courant du mois
fuivant, la neige & toutes les intempé-
ries d'une faifon rigoureufe, ne ralenti-
rent pas fon ardeur. Il paffa du Rouf-
fillon au Languedoc, & du Languedoc
en Auvergne, où il continua fon travail
au milieu des neiges. Il arriva à Paris à
la fin du rude hyver de 1740. Tout autre auroit fuccombé fous le poids des
fatigues ; ces contre-tems affermirent de
plus en plus fa fanté, & acheverent de
lui former le tempérament robufte
qu'il a confervé jufqu'à la mort.

Arrivé à Paris, il travailla avec M.
Caffini à vérifier la bafe de M. Picard,
& la direction de la Méridienne de Paris à Perpignan. Au mois de Juillet il
fit la route de Dunkerque, & effuya de
nouvelles fatigues. Occupé pendant le
jour à préparer fes inftrumens, à dreffer
fes machines fur les fommets des montagnes, il obfervoit pendant la nuit,

exposé aux injures de l'air, sans gîte, & quelquefois sans provisions de bouche, dans des cantons inhabités. La satisfaction d'avoir conduit son travail à sa fin, & d'avoir trouvé le point qui avoit échappé aux recherches de plusieurs grands Astronomes, lui firent oublier à son retour ce qu'il avoit souffert pendant deux ans.

En 1741, M. de Lisle, Associé ordinaire de l'Académie Royale des Sciences pour l'Astronomie, demanda la Vétérance, & M. de Fouchy passa de là place d'Adjoint à celle d'Associé. L'Académie choisit M. de la Caille pour remplacer M. de Fouchy. M. de la Caille fut reçu au mois de Mai. Il débuta en Maître dans cet.. illustre Compagnie. Il lut d'abord un Mémoire sur le calcul des différences dans la Trigonométrie Sphérique. Il accompagna ce Mémoire de Formules & de Problêmes avec leurs solutions, ouvrage profond qui réunit les suffrages.

Il fit auffi fon rapport à l'Académie d'une Eclipfe de Lune qu'il avoit obfervée à l'Hermitage fur la montagne de Sainte-Victoire, à trois lieues d'Aix en Provence, le 13 Janvier 1740. Ce rapport fut reçu avec d'autant plus de plaifir, que cette Eclipfe n'avoit pas été obfervée à Paris à caufe des nuages.

Les Académies font les Ordres de Chevalerie de la République des Lettres. On y amaffe ordinairement plus d'honneur que de fortune. Il y a cependant des penfions attachées à l'ancienneté & au mérite. Dans les Ordres Militaires la penfion fuit l'honneur. Dans les Académies l'honneur fuit la réception, & l'on ne voit la penfion qu'en perfpective. Il faut quelquefois des vingt années pour y parvenir. L'entrée de M. l'Abbé de la Caille à l'Académie a été la récompenfe de fes travaux de la Méridienne ; il n'a obtenu une gratification annuelle qu'après fon retour du Cap.

Avant la fin de 1741, M. l'Abbé de

la Caille rendit publiques ſes Leçons Elémentaires de Mathématiques pour l'uſage de ceux qui venoient l'entendre. Il les avoit compoſées en François, parce que cette Langue eſt beaucoup plus propre que le Latin, par ſa clarté à expliquer les principes d'une Science qui appartient plus particuliérement à l'évidence.

Un Moderne a judicieuſement obſervé, en parlant du langage de la Philoſophie ſcholaſtique, qu'il y a des propoſitions vraies en Latin, qui ſont fauſſes en François. Les vérités Mathématiques ſont bien aſſurément les mêmes en Latin qu'en François; mais elles s'enſeignent & ſe conçoivent plus aiſément dans une Langue que dans l'autre. La coutume de dicter des Cahiers Latins eſt préſentement abandonnée, comme une méthode antique qui enleve aux jeunes gens un tems précieux, & qui ſouvent obſcurcit les matieres au lieu de les éclaircir.

Ces Leçons de Mathématiques paffent pour un chef-d'œuvre de précifion
dans le monde fçavant. Il en a paru
cinq éditions : elles ont été traduites en
Latin , & imprimées à Vienne in-4°.
traduites & imprimées en Efpagnol ,
traduites & imprimées en Anglois. On
en a donné, ou l'on en prépare une traduction Italienne. Ces traductions dans
plufieurs Langues fçavantes font un éloge complet de l'œuvrage.

En 1742 il parut une Comete pendant les mois de Mars , Avril & Mai ;
M. de la Caille l'obferva , & compofa
un Mémoire fur fon apparition & fur fa
route. Il fit un autre Mémoire en cette
année , contenant une méthode de trouver le lieu de l'apogée du Soleil.

En quittant fon appartement de l'Obfervatoire , il s'étoit comme expatrié.
Afin de fuppléer à l'éloignement , il fit
conftruire un Obfervatoire au Collége
Mazarin. Il l'augmenta , le changea ,
& l'accompagna de toutes les commo-

dités que peut defirer un Aftronome
qui veut obferver furement. Il le plaça
de maniere à pouvoir, pour ainfi dire,
aller au Ciel comme de plein-pied. Cette
facilité donna un nouvel effor à fes talens. Sa vie depuis ce rems n'a prefque
plus été qu'une feule obfervation. Il ac-
quit en peu d'années l'expérience con-
fommée des plus grands Maîtres.

Il fit deux fortes d'obfervations ; les
unes pour fon utilité particuliere, pour
fatisfaire fon goût, pour s'affermir de
plus en plus dans la pratique ; les autres
pour l'inftruction du public. On doit
rapporter à la feconde claffe celles qu'il
publia en 1743 fur une Comete du mois
de Février, fur la conjonction de Mars
& de Saturne, fur le paffage du Soleil
par le parallele d'Arcturus, fur la conjonction de Mars & de Jupiter, fur le
Soleil dans fon Apogée, fur le paffage du Soleil par le parallele de Procyon, fur la hauteur du bord fupérieur
du Soleil dans le Tropique du Capri-
corne,

corne, fur la Planette de Mercure dans le Soleil, fur le Soleil dans fon périgée, avec des recherches fur le lieu de l'apogée de ce même aftre.

Il publia en cette année tout le travail de la Méridienne : il ne voulut jamais permettre que fon nom parût fur le frontifpice de l'ouvrage. Il en abandonna tout l'honneur à fon Confrere, qui a eu foin de faire mention dans la Préface des peines que M. de la Caille s'étoit données pour mettre cet ouvrage dans l'état où on le préfentoit au public en 1744.

Tant de fuccès, tant de pratiques acquirent à M. l'Abbé de la Caille la réputation d'un Aftronome confommé dans fon art. Après s'être inftruit luimême par des travaux immenfes, il mit par écrit des préceptes fur la maniere d'étudier l'Aftronomie. Il compofa fes Elémens d'Aftronomie, & les publia in-8°. fous le même format que fes Leçons Elémentaires, avec des Figures ; quoi-

B

que ce Traité ne regarde que les Maîtres, il a été traduit en Latin, en Anglois, en Efpagnol, & l'on en a épuifé
quatre éditions Françoifes. Il méditoit
la derniere année de fa vie, un Traité
pratique d'Aftronomie, contenant une
méthode fûre & facile d'obferver exactement, avec la defcription & l'ufage
des inftrumens confacrés à fon art.
Cette matiere peut être traitée par une
main habile, & exécutée avec fuccès,
fur-tout fi l'on apporte dans la compofi-
tion la précifion qu'il y auroit mife.

M. l'Abbé de la Caille a auffi compofé des Leçons Elémentaires de Méchanique, & des Elémens d'Optique
& de Perfpective. Ces deux ouvrages
décèlent, comme les précédens, un Sçavant méthodique & profond. Nous ne
ferons pas un jugement détaillé de fes
quatre Volumes de Leçons Elémentaires. Les matieres qu'ils contiennent paffent notre portée. Nous nous conten-
tons de recueillir les fuffrages des per-

fonnes inftruites dans chaque genre , d'obferver que la France en a épuifé plufieurs éditions , & que ces quatre Traités ont été traduits dans plufieurs Langues fçavantes.

Les ouvrages réduits n'en impofent pas autant que les ouvrages plus amples. Ils font cependant le figne des génies vaftes , parce que pour bien réduire une matiere , il faut en comprendre fupérieurement toutes les parties.

Notre Sçavant inftruifoit & prati-quoit. Le foin de compofer , les occupations de fon état , fes affaires perfonnelles , & même les attentions qu'on doit à fa fanté , ne le détournoient pas du cours de fes obfervations. Celles qu'il a rendues publiques pendant l'année 1744, regardent l'occultation de Vénus par la Lune , & la hauteur folfticiale du Soleil au mois de Juin de cette même année.

On trouve encore dans les Mémoires de l'Académie d'autres obfervations

qu'il a faites sur le Soleil apogée, sur
Arcturus, sur l'occultation de plusieurs
Etoiles du Verseau par la Lune, sur le
passage du Soleil par le parallele de la
premiere & de la troisiéme Etoile du
Baudrier d'Orion, sur Procyon & sur
le Soleil dans ses moyennes distances,
enfin sur la hauteur du bord supérieur
du Soleil dans le Tropique du Capri-
corne.

Il publia l'année suivante d'autres observations, d'où il tira des inductions
pour déterminer la conjonction de Saturne & de Mars, & leur opposition au
Soleil; il rechercha les distances moyennes du Soleil pour en déduire la plus
grande équation, & détermina la
hauteur solsticiale du bord supérieur de
cet astre. Il composa un Mémoire sur
l'occultation de l'Epi de la Vierge par
la Lune.

On ne doit pas considérer ces observations comme de simples spéculations
propres à satisfaire une sçavante curio-

fité. Toutes celles don. M. de la Caille a fait part à l'Académie, avoient pour objet, ou de correfpondre à quelque opération des anciens Aftronomes, ou de fervir à l'inftruction de la poftérité.

Le plus beau privilege de l'Aftronomie eft de pénétrer dans l'avenir avec le fecours du calcul. Les Anciens regardoient ce fecret comme une émanation de la fcience divine : c'eft une ambition commune à tous les hommes de lire dans les tems à venir, ce qui doit s'y paffer. Cette ambition a été le principe de la réputation que les Aftrologues fe font acquife pendant les fiécles d'ignorance, aux dépens de la crédulité du peuple. Cependant ceux-ci établiffoient fur des régles arbitraires leurs prédictions. L'on aimoit à fe faire illufion, & l'on prenoit plaifir à les croire.

L'Aftronomie moderne, plus fçavante & plus éclairée, diftingue ce qui appartient aux décrets du Créateur, d'avec ce qui regarde le cours des Aftres, la

fucceffion des faifons, des jours, des
années ; elle prédit les Eclipfes, les pha-
fes, les conjonctions, le retour des Cometes ; mais élle admire la fageffe de
l'Etre fuprême, fans entreprendre de la
fonder fur les événemens de la vie.
M. l'Abbé de la Caille avoit une connoiffance de l'état du Ciel, qui embraf-
foit le paffé & l'avenir,

En 1746 il publia la premiere partie
de fes Ephémérides, qui comprend dix
années. Il les a continuées depuis, jufqu'en 1757. Il ignoroit que cet intervalle comprenoit un jour qui devoit
être celui de fa mort. Quand il l'eût
connu, il n'en auroit conçu ni joie, ni
déplaifir. La vie qu'il menoit ne le lui
faifoit ni defirer, ni craindre. Le public prenoit plus de part à fa conferva-
tion que lui-même ; fa mort nous a
privé de la fuite de ces Ephémérides
qu'il auroit continuées. On en a une
efpece de fupplément dans la Table
Chronologique qu'on a placée à la tête

de l'Art de vérifier les Dates. Cette Table finit en 1800. Il en a composé la partie des Eclipses, qui est la plus importante. Voici ce qui lui fit entreprendre cette pénible opération.

Les sçavans Auteurs de l'Art de vérifier les Dates avoient compilé une suite Chronologique de 1800 ans d'Eclipses dans divers Ecrits anciens & modernes : travail immense, qu'ils firent passer à M. de la Caille. Celui-ci reconnoissant les sources où ils avoient puisé, conçut que ces sources pouvoient contenir bien des erreurs, parce que les Auteurs des compilations n'étant pas Astronomes, ils n'avoient pû vérifier les observations qu'ils rapportoient.

L'utilité que devoit procurer une pareille collection, si elle étoit exacte, détermina M. l'Abbé de la Caille à vérifier par le calcul la suite des observations d'Eclipses depuis l'an 1. de l'Ere Chrétienne jusqu'en 1800. Il sacrifia cinq semaines entières de son

B iv

tems à cette pénible opération, à quinze heures de travail par jour.

Les Auteurs qui avoient foumis-leurs
compilations à fes lumieres, ne foup-
çonnerent pas ce qui étoit arrivé. Lorfque le travail de l'Académicien leur fût
rendu, ils fuppoferent que le célébre
Aftronome tenoit fes Tables toutes prê-
tes depuis plufieurs années, & qu'il
avoit employé les cinq femaines à les
revoir.

On peut fe former une idée de ce
travail en fe figurant qu'il étoit queftion
de calculer toutes les Eclipfes de Soleil
& de Lune, totales & partiales, qui
avoient été vûes en Europe, depuis
l'année de la naiffance de Jefus-Chrift
jufqu'en 1746, & de prédire les autres
Eclipfes qui devoient arriver jufqu'à l'an
1800. Que de difficultés à revenir fur
des fiécles d'obfcurité & d'ignorance, où
des Sçavans du premier ordre s'étoient
égarés ! L'Abbé de la Caille n'a pas feulement donné le dénombrement de ces

Éclipſes, il a marqué l'heure & le méridien de chacune par le méridien de Paris.

Il remit ſes calculs, ſans penſer qu'on lui en auroit obligation, & il trouva mauvais, quand l'ouvrage parut, qu'on l'eût nommé à la ſeconde page de la Préface. On doit regarder le calcul des Éclipſes, comme un des plus importans ſervices qu'on ait rendus à l'étude de la Chronologie. Il offre un moyen ſûr de fixer les époques des grands événemens.

A meſure que M. l'Abbé de la Caille enrichiſſoit la République des Lettres par ſes obſervations & par ſes écrits, ſa réputation prenoit de nouveaux accroiſſemens. Les Sçavans le conſidéroient comme un ſujet doué de talens ſupérieurs dans ſa partie : mais le public, toujours extrême dans ſes jugemens, le regardoit comme un génie unique, à qui rien n'étoit caché de tout ce qui avoit la

B v

moindre connexion avec la fcience qu'il profeffoit.

Il m'a raconté que des perfonnes diftinguées, peu éclairées fur le véritable objet de l'Aftronomie, l'avoient confulté plufieurs fois avec toute la bonne foi poffible, les unes fur l'iffue d'un procès confidérable, les autres touchant le tems de leur mort, fur la vie que leurs enfans devoient mener, s'ils feroient malheureux ou favorifés des dons de la fortune ; efpece d'injure faite à fa probité, à fa candeur & à fon profond fçavoir.

Quoique vif de caractere & peu patient, fur-tout lorfqu'on lui propofoit des queftions oppofées au bon fens, il écoutoit tranquillement les doutes & les fujets d'inquiétude qu'on lui expofoit. Il varioit fes réponfes fuivant les circonftances, & fe faifoit un principe de charité de calmer les inquiétudes, & de tranquillifer les efprits, à proportion qu'ils s'écartoient de la droite

raifon. Le nombre de ceux qui ne
fçavent pas diftinguer l'Aftronomie de
l'Aftrologie, eft encore plus grand qu'on
ne penfe.

Non-feulement on le confultoit fur
l'Aftrologie, fa vie a été un objet de
recherches pour cette fcience. Pendant
fon féjour au Cap, un Italien expert en
Aftrologie, s'informa du tems de fa
naiffance, confulta fes Ephémérides ,
& fit fon horofcope, dans le deffein de
calmer les inquiétudes d'un de fes amis
qui craignoit pour fa fanté & pour fa
vie. Le jugement de cet Aftrologue portoit, que la vie de notre Sçavant feroit
expofée à de grands dangers, qu'il en
échapperoit, & qu'il reviendroit victo-
rieux en France, après avoir fait la conquête d'une partie du Ciel. Cette pré-
diction, qui ne lui a été d'aucune utilité pendant fon abfence, l'a beaucoup
réjoui depuis fon retour du Cap.

M. de la Caille n'avoit pas l'ambition, ou la fauffe délicateffe de la plû-

part des Auteurs qui veulent paſſer pour créateurs dans tout ce qu'ils exécutent. Par-tout où il voyoit une apparence d'utilité pour la ſociété, ou pour les Lettres, il y portoit ſes ſoins, ſoit que le ſujet eût été ébauché, ou traité imparfaitement, ſoit qu'il fût queſtion d'extraire des vérités importantes d'un écrit diffus, ou de tirer de l'oubli des faits contenus dans des ouvrages ignorés.

Le Pere Feuillée, Minime, avoit fait en 1724 un voyage aux Iſles Canaries, afin de déterminer la vraie poſition du premier méridien. La relation de ce voyage contenoit des particularités remarquables qui n'avoient pas été publiées. M. de la Caille donna cette relation par extrait en 1746. Il mit au jour toutes les circonſtances utiles de cet écrit, relativement à l'Aſtronomie, à la Géographie & à l'Hiſtoire Naturelle. Si ce travail ne lui a pas inſpiré le deſſein de ſon voyage au Cap, il paroît au moins y avoir contribué. La re-

lation de ce dernier voyage eſt ſur le
même plan que ſon extrait du Pere
Feuillée. La juſteſſe qui caractériſe ſes
autres ouvrages, paroît dans cet extrait :
on y trouve dès inductions que le Pere
Feuillée avoit oubliées.

En 1593, on avoit obſervé à Zerbſt,
dans la Principauté d'Anhalt, une Comete dont l'apparition pouvoit être
d'un grand ſecours à l'Aſtronomie. M.
de la Caille en ayant connu le prix, en
donna la théorie à l'Académie en 1747,
avec la même exactitude que s'il l'eût
lui-même obſervée.

Waltherus avoit fait, ſur la fin du
quinziéme ſiécle, des obſervations à
Nuremberg. M. de la Caille examina
à fond les obſervations de ce Sçavant,
parce qu'il y trouvoit d'excellentes choſes touchant la théorie du Soleil. Il ne
ſe contenta pas d'une ſimple notice des
opérations de cet Ancien : il compoſa
un Mémoire dans lequel il tira tout le
parti poſſible du travail de Waltherus,
relativement à la théorie du Soleil dont

58　*DISCOURS*

il donne les élémens. Il y détermine la
hauteur du pôle à Nuremberg, & l'obli-
quité de l'Ecliptique, relativement au
tems des obfervations de Waltherus; il
fixe le lieu du Soleil, en détermine les
mouvemens, & donne l'époque du
moyen mouvement du Soleil au commencement de l'an 1500. Il y joignit des
recherches de la plus grande équation
du Soleil, & par conféquent de la plus
grande excentricité de fon orbite. Ce
qu'il a fait fur Waltherus, il auroit pû
l'exécuter fur les opérations connues
de tous les Anciens, à l'appui d'une
érudition immenfe, qu'il avoit acquife
par une lecture continuelle. Il fit part
en 1749 à l'Académie de fon Mémoire
fur Waltherus.

Ses obfervations de l'année 1746
roulent fur l'occultation d'Alcyone,
l'une des fept Pléïades, arrivée le 3
Janvier : fur l'oppofition de Saturne au
Soleil : fur la hauteur folfticiale du bord
fupérieur du Soleil dans le Tropique du
Cancer.

Les Cometes font des aftres errans, diftingués des Planetes & des Etoiles fixes. Une queue de feu femblable à une chevelure enflammée, en eft la marque, & comme le caractere. Ces corps lumineux ont long-tems effrayé le monde par leur apparition. Ils paf-foient pour des préfages finiftres, & pour les avant-coureurs des calamités publiques. Préfentement la Phyfique a tranquillifé les efprits ; mais l'Aftrono-mie ne les a pas encore tout-à-fait éclairés.

En 1746, M. de la Caille compofa un écrit fur la théorie des Cometes, dans lequel il préfente une méthode fa-cile d'en calculer les élémens fur le choix des obfervations. Il détermine ce choix & le degré de certitude qui ré-fulte de fa théorie. Il donne des régles pour calculer l'orbite des Cometes. Il fait l'application de ces régles à une Comete qui avoit paru en 1744, & qu'il avoit attentivement obfervée.

Les Tables de M. Halley fur les Cometes , font une production qui fait
beaucoup d'honneur à ce célébre Aftronome. M. de la Caille , après un examen férieux de cette Table , y trouva
des inconvéniens. Il en dreffa une autre plus fimple & plus certaine , qui
rend les opérations fur les Cometes bien
plus faciles.

Les Mémoires de l'Académie contiennent les détails d'un grand nombre
d'obfervations , que notre fçavant a faites pendant les années 1747 , 1748 &
1749 , fur la conjonction de Mars &
de Saturne , fur l'inclinaifon de l'orbite
de Saturne , fur plufieurs Eclipfes de
Lune , fur l'afcenfion droite de plufieurs
aftres , fur Procyon , fur Régulus , fur
diverfes Etoiles des Pléiades & du figne
de la Balance , fur les hauteurs folfticia-
les du Soleil , fur l'oppofition de diverfes Planetes , &c.

Nous renvoyons aux Mémoires de
l'Académie , même pour les titres de

la plûpart de fes obfervations : je les
omets, tant elles font nombreufes. Dans
les éloges des grands hommes, on eſt
obligé de fupprimer beaucoup de traits
qui brilleroient dans le récit de la vie d'un
homme ordinaire. Dans une plaine étendue, la vûe ne peut pas tout fixer ; tel
objet arrête les regards dans un tableau
de païfage, qu'on néglige dans le plan
vifuel d'une grande ville. Le détail des
obfervations de M. de la Caille nous le
dépeignent comme un Argus qui voyoit
tout dans le Ciel. Dans la foule des
Corps céleftes, il s'attachoit à ceux dont
l'obfervation devoit inftruire fes Con-
temporains, ou fervir d'explication à
divers points obfcurs de l'ancienne Aftronomie. La moindre découverte qu'il
a publiée, eſt un fait important dans les
annales du Ciel.

Les Géographes partagent le globe de
la terre en deux hémifpheres ; l'un re-
préfente le monde ancien, l'autre eſt la
Carte du Nouveau-Monde, qui a été

découvert par Chriſtophe Colomb. Les
Aſtronomes conſidérent l'immenſe éten-
·due des Cieux comme un globe con-
cave, qu'ils diviſent en deux hémiſpheres. Ils nomment l'un, hémiſphere ſeptentrional, & l'autre hémiſphere auſtral. L'hémiſphere ſeptentrional eſt l'ancien monde céleſte ; l'hémiſphere auſtral eſt un nouveau monde dont on doit
la Carte à M. l'Abbé de la Caille.

Il y a cette différence entre les dé-
·couvertes de Colomb & celles de M.
de la Caille, que le premier n'a fait
qu'appercevoir un Continent oublié depuis une ſuite de ſiécles ; effet du hazard : au lieu que notre Sçavant a don•
né une deſcription exacte de l'hémiſphere auſtral. Il y a créé des Conſtellations, & a renouvellé celles qu'on y
avoit introduites.

La miſſion de M. de la Caille au Cap
de Bonne-Eſpérance, s'exécuta ainſi. Il
avoit conçu depuis pluſieurs années le
deſſein de donner des principes ſur l'Aſ-

tronomie , qui demandoient une connoiſſance complette des deux hémiſpheres céleſtes. Après avoir fait en Europe les obſervations relatives à ſon objet ſur l'hémiſphere ſeptentrional , il chercha les moyens d'acquérir ſur l'hémiſphere auſtral , les connoiſſances qui lui manquoient , & à tous les Aſtronomes du monde ſçavant.

Le Cap de Bonne-Eſpérance , eſtimé l'endroit le plus auſtral de notre hémiſphere , lui parut le plus propre à l'accompliſſement de ſes vûes. Le Méridien du Cap paſſe par le milieu de l'Europe ; l'air y eſt plus pur & plus ſerein que dans aucun des établiſſemens que les Européens ont formés au-delà de la Ligne. Il jugea qu'outre l'avantage de déterminer les poſitions des plus belles Etoiles auſtrales , un Aſtronome pouvoit faire au Cap d'autres obſervations intéreſſantes , celles , par exemple , de la parallaxe de la Lune & des Planetes , celles de la longueur du Pendule fimple à fecondes , celles de la longitude & de la latitude , & de quelques points importans , pour perfectionner la Géographie & les Cartes Marines.

Il propofa fes vûes à l'Académie qui en faifit toute l'utilité. Le Gouvernement fit offre à notre Sçavant de tous les fecours qui lui feroient néceffaires. Il ne lui reftoit plus de difficultés à vaincre que celle de s'expatrier , jointe au danger des mers , à la longueur de la route ; le rifque de ne pouvoir pas fupporter les influences d'une nouvelle température , l'incertitude même de remplir fon objet , par le concours des obftacles qui pouvoient furvenir.

Les Lettres ornent l'efprit & infpirent des fentimens : elles donnent rarement cette intrépidité qui fait affronter les dangers. Elles enfeignent à peindre , ou à raconter les naufrages & les combats ; il eft bien rare qu'elles faffent naître la réfolution de s'y expofer.

M. l'Abbé de la Caille facrifia au
bien public les confidérations qui pouvoient déranger fon plan. Il comprit
que l'entreprife demandoit fon expérience, fa probité & fa fanté. Le moment
où il prit fon parti, eft le feul de fa vie
où il fe foit fondé pour connoître les
forces de fon génie, & où il ait fait un
retour fur fes talens. Il arrêta fon voyage, & combattit les importunités de
fes amis, qui le preffoient de remettre
une commiffion fi périlleufe.

Dans fes préparatifs, M. de la Caille
n'épargna rien de ce qui pouvoit contribuer à la perfection de fon travail :
il n'oublia que le foin de lui-même. Il
établit diverfes correfpondances, &
donna avis dans les Journaux, de la
maniere dont il devoit opérer, afin de
procurer à tous les Aftronomes la facilité de faire des obfervations corref-
pondantes aux fiennes. Il fe munit des
inftrumens les plus parfaits, & prit avec
lui un habile ouvrier, afin de les mon-

ter & de les rectifier lorfqu'il en feroit
befoin.

Le 21 Octobre 1750, il partit de Paris pour l'Orient où il devoit s'embarquer. Les fouhaits les plus heureux lui
furent offerts, & par l'Académie, & par
tous ceux qui fçavoient eftimer le mérite. Il arriva à l'Orient le premier Novembre, il y demeura jufques au 21
du même mois, qu'il partit du port à
fept heures & demie du matin, fur le
Vaiffeau le *Glorieux*, commandé par
M. d'Après. Le mal de mer le prit à
dix heures, & lui dura trois femaines.
Ce mal le tourmenta avec tout l'excès
des rigueurs qu'il peut exercer : fituation cruelle qu'on ne plaint pas affez,
quoiqu'elle provoque un dégoût général, & comme une agonie continuelle
dans ceux qu'elle affecte.

Trois femaines de navigation con-
duifirent le Vaiffeau le *Glorieux* aux
Ifles du Cap Verd. Ce Vaiffeau avoit
à fa fuite un petit Bâtiment qui le re-

tarda dans fa route. Arrivés près de la
Ligne, les deux Vaisseaux essuyerent un
calme de dix-huit jours, & par un sur-
croît de disgrace, le petit Bâtiment faisoit une voie d'eau considérable, étant
mal caréné. Cette derniere circonstance
mit nos Navigateurs dans la nécessité
de relâcher à Rio-Janéiro, sur les côtes
du Brésil. Ils entrerent dans la Baye de
cette Ville le 25 Janvier 1751 ; le ra-
doub du petit Bâtiment dura un mois.

M. de la Caille ne fut pas oisif pendant ce séjour. Il fit des observations de
toute espece, sur la hauteur du Pôle,
sur la déclinaison de l'Aiguille aimantée,
sur la longitude, sur la longueur du
Pendule, &c. On leva l'ancre le 25
Février, & l'on arriva le 30 Mars à la
vûe du Cap de Bonne-Espérance. On
n'entra cependant à la rade que le 19
Avril.

Notre Astronome fut reçu au Cap
comme un Député de la République
des Lettres. Il employa six semaines à

conftruire un Obfervatoire folide & commode. La fin de cet établiffement a été le fignal de fes travaux.

Jamais miffion n'a été remplie avec autant de fcrupule que la fienne. Il fe croyoit refponfable au public, à l'Académie & au Gouvernement de tous fes momens. Un travail pénible & affidu n'a pas ceffé de l'occuper pendant le tems de fon féjour au Cap.

En partant de Paris, il s'étoit propofé trois objets principaux. 1°. De déterminer les pofitions des plus belles Etoiles auftrales, & de toutes celles de la 1, 2, 3 & 4ᵉ grandeur, qui font voifines de l'Ecliptique. 2°. D'obferver la parallaxe de la Lune, de Mars périgée, & de Venus en conjonction inférieure. 3°. D'établir la pofition du Cap de Bonne-Efpérance, qui eft un des points les plus importans de la Géographie. Il comptoit à fon départ qu'une année révolue lui fuffiroit. Le féjour de Rio-Janéiro, & les fix femaines qu'il

mit

mit à conftruire fon Obfervatoire, dé-
rangerent ce plan.

Il commença fes obfervations le 1o
Mai 1751, par la parallaxe de la Lune,
& les continua jufqu'au 26 Février 1752.
Il obferva Vénus, depuis le 25 Octobre
1751, jufqu'au 25 Novembre fuivant,
& la Planete de Mars, depuis le 31
Août 1751, jufqu'au 9 Octobre. Il reprit fes opérations fur la parallaxe de la
Lune au mois de Mars, & les conduifit
jufqu'au mois d'Octobre fuivant. Dans
l'intervalle de fes obfervations, il don-
noit fes attentions à tous les objets qui
méritoient d'être examinés, à ceux fur-
tout d'où la Géographie & la Phyfique
pouvoient tirer quelqu'avantage. Il envoya les détails de fes premieres opérations à l'Académie, avant fon retour.

La connoiffance complette de l'hémifphere auftral, & des Etoiles qui le
compofent, étoit le grand œuvre auquel
M. de la Caille devoit confacrer fes

C

veilles : champ fertile dont on avoit à peine défriché quelques portions.

Ptolémée qui vivoit en Egypte, avoit donné un Catalogue d'Etoiles auftrales; mais ce Catalogue eft incomplet.

Des Navigateurs Portugais avoient tracé le plan de plufieurs Conftellations, mais fi groffiérement, que l'Aftronomie n'en retiroit aucun profit.

En 1677, M. Halley, célébre Aftronome Anglois, étoit paffé dans l'Ifle de Sainte-Hélene, pour y dreffer une Carte célefte de l'hémifphere auftral. Il n'obferva que 350 Etoiles dans un monde prefque nouveau. Il créa une Conftellation; mais il déroba pour la former, de brillantes Etoiles de la premiere grandeur, à des Conftellations anciennes. Il donna à la nouvelle Conftellation le nom du Roi fon Souverain. Les Lettres qui ne condamnent pas l'hommage qu'on rend aux Grands, improuvent la conduite de ceux qui fe parent des dépouilles d'autrui pour acquérir des diftinctions.

Au commencement de ce fiécle ,
M. le Baron de Krofick avoit chargé
le Pruffien Pierre Kolbe d'une commiffion pareille à celle de M. de la Caille. Kolbe n'avoit pas rempli les vûes
du Seigneur Allemand qui l'avoit employé.

Ainfi l'on n'avoit que des Defcriptions ébauchées de l'hémifphere auftral , lorfque M. de la Caille partit pour
le Cap. Ces defcriptions laiffoient tout
le mérite de la découverte au premier
Aftronome , qui entreprendroit de donner en grand le tableau de cet hémifphere.

M. de la Caille commença à obferver les Etoiles auftrales le 6 Août 1751.
Il continua jufqu'au mois d'Août de
l'année fuivante 1752. Dix-fept nuits
pleines, & cent dix féances , à huit heures de nuit chacune, lui dévoilerent un
fpectacle charmant. Il reconnut & vit
dans tout leur éclat, de grandes Etoiles ,
que les Aftronomes d'Europe ne con-

noiſſoient que par leurs figures nébuleuſes. Il en vit briller de nouvelles, pa-
rées de toutes les graces de l'éclat le
plus intéreſſant. Placées aux deux côtés
du Zénith, ces Etoiles impoſoient par
leur ſituation, une tâche pénible à ceux
qui deſiroient les obſerver. Il falloit
être debout, la tête renverſée, ſans quit-
ter le tuyau de la Lunette, pour les conſidérer,

Notre Sçavant prit à ce ſujet une ré-
ſolution héroïque ; il ſe détermina à
ſoutenir cette eſpece de torture ; & afin
d'en tirer tout le parti poſſible, il dreſſa
ſes inſtrumens de maniere à s'aſſurer
de la route de toutes les Etoiles qu'il
avoit deſſein d'obſerver.

Reſſerrées dans le paſſage, comme
dans un défilé, l'Obſervateur ne devoit
manquer aucune de ces Etoiles. M. de la
Caille n'avoit porté ſes premieres vûes
que ſur les Etoiles des quatre premieres grandeurs. Trouvant l'occaſion favorable, il réſolut d'aſſujettir à ſon cal-

eul celles de la cinquiéme, de la sixiéme & septiéme grandeurs.

Ce travail lui coûta des peines infi-
nies : il eut d'abord le sommeil à combattre dans des circonstances qui sem-
bloient le provoquer (*a*). A l'issue de chaque séance, il lui falloit comparer toutes les Etoiles observées, à deux Etoiles des plus remarquables, dont il devoit déterminer la position par de nouvelles observations. Après quelques heures de repos, il rédigeoit pendant le
jour les opérations de la nuit.

Le 17 Février il s'éleva au Cap un
brouillard épais & mal-sain. Ce brouillard fut suivi d'une épidémie générale
qui causa des rhumes, des fiévres, des
courbatures, des rhumatismes, des
maux de tête, & toutes les especes d'incommodités qui ont coutume d'annon-
cer les maladies d'humeur. L'Abbé de

(*a*) Voyez la note sixiéme à la fin du
Discours.

C iij

la Caille éprouva toutes les suites de cette intempérie.

Il suivit un régime rigoureux, & revint en santé au même mois de l'année 1752, que celui de l'année 1762, où il est mort. Nous remarquerons bientôt que la cause des deux maladies étoit la même. Il eut d'autres incommodités moins considérables, qui ne le détournerent point de ses observations, quoiqu'elles fussent sérieuses.

Dans une Lettre qu'il écrivit du Cap à M. Maraldi, il parle de deux saignées qu'on lui avoit faites, & qui cependant n'avoient pas interrompu le cours de ses observations. Le 23 Septembre 1753, il fut attaqué d'une dyssenterie violente, qui n'interrompit pas le cours de ses travaux; il trouva sa santé dans une diette, sans manger ni boire l'espace de cinquante heures.

Dès que M. de la Caille eut achevé son Catalogue des Etoiles australes, il compara ce Catalogue avec le Plani-

ſphere dreſſé par M. Halley en 1677.
Il trouva que ſon fond ſurpaſſoit de
9450 Etoiles celui de l'Aſtronome Anglois ; richeſſes immenſes , bien propres à réparer l'extrême appauvriſſement
qui ſembloit dégrader l'hémiſphere auſtral ſur les globes.

Les Aſtronomes ſubdiviſent chaque
hémiſphere céleſte en un certain nombre de Conſtellations qui ſont comme
les Provinces d'un grand empire. Chaque Conſtellation contient pluſieurs ordres ou claſſes d'Etoiles qu'ils nomment
premiere, ſeconde.... ſixiéme grandeur.
Les Etoiles, trop petites pour être ob-
ſervées, perdent l'avantage de figurer
ſur nos globes, & d'occuper une place
dans l'eſprit des Aſtronomes : empire
immenſe dont la vaſte étendue effraye
l'entendement, lorſque la réflexion nous
fait connoître que chaque Citoyen de
cet empire eſt comme un monde, même
plus qu'un monde, ſi chaque Etoile fixe
eſt un Soleil, comme il eſt vraiſemblable.

C iv

Après avoir examiné le Planifphere drefsé par M. Halley, de même que les obfervations de Ptolémée & celles des Pilotes Portugais, M. de la Caille trouva place pour quatorze nouvelles Conftellations mieux fournies & plus exactes que les anciennes. Il falloit défigner ces Conftellations par de nouveaux noms.

C'étoit pour l'Aftronome une occafion unique & légitime de faire des progrès rapides dans le chemin de la fortune, en appliquant à chaque Conftellation le nom d'un Monarque, ou d'un Grand du premier ordre. Il avoit dans l'Antiquité des exemples d'une telle conduite. Celui de M. Halley, qui avoit nommé Arbre ou Chêne de Charles, *Robur Carolinum*, fa nouvelle Conftellation pour faire fa cour au Roi d'Angleterre, étoit récent.

Il auroit pû confacrer au Roi fon Maître la plus belle des quatorze Conftellations, & choifir treize autres noms parmi ceux des Souverains , ou des Grands de l'Europe qui accordent aux Sciences une protection marquée. Ce plan eût été trop recherché pour un homme auffi fimple. Il en conçut un tout différent, auquel l'intérêt & la flat-terie n'avoient aucune part. Il jugea à propos de confacrer aux Arts fes nou-velles Conftellations.

Il nomma la premiere l'*Attelier du Sculpteur*; la feconde, le *Fourneau Chi-mique*; l'*Horloge à Pendule*, la troifié-me; *Réticule Romboïde*, la quatriéme; le *Burin du Graveur*, la cinquiéme. Il défigna la fixiéme fous la figure du *Chevalet du Peintre*, avec fa palette. Il appella *Bouffole* ou Compas de mer la feptiéme; il repréfenta la huitiéme fous la figure de la *Machine Pneumati-que*, accompagnée de fon récipient. Il plaça au centre de l'hémifphere une neuviéme Conftellation qu'il nomma l'*Octans* ou Compas de réflexion. Le *Compas* du Géometre , l'*Equerre* de

C v

l'Architecte, le *Télescope* de l'Astronomie & le *Microscope*, servirent de signes aux 10e, 11e, 12e & 13e Constellations. Il nomma enfin *Montagne de la Table*, la quatorziéme Constellation.

Ce choix d'emblêmes étoit sans difficulté le plus conveuable. L'Architecture, la Sculpture, la Gravure & la Peinture sont des Arts d'une utilité journaliere dans la société. La Chimie & la Physique expérimentale offrent des ressources intarissables pour les commodités de la vie & pour la santé. La Géométrie, l'Astronomie & la Navigation exigeoient les égards d'un Sçavant qui cultivoit ces Sciences avec tant de succès. Le Réticule Romboïde est un petit instrument astronomique, construit par l'intersection de quatre droites, tirées de chaque angle du quarré, au milieu de deux côtés opposés. M. de la Caille en fit un signe, en reconnoissance de ce qu'il lui avoit été d'un grand secours, à dresser le Catalogue de ses

Étoiles. La montagne de la Table est l'une des plus considérables de celles du Cap de Bonne-Espéiance. Elle est remarquable par l'applatissement de son sommet, & par un nuage blanc qui vient la couvrir comme une nappe.

Si nous comparons cette belle ordonnance des nouveaux signes avec les noms & la disposition de ceux des anciens Planispheres, on reconnoîtra d'un côté la raison, le désintéressement, la noblesse des sentimens : de l'autre, les écarts d'une imagination excitée par des vûes d'intérêt, des rêveries, des songes d'enfans, des idées fausses ou obscurcies par les traits de la Fable.

Les anciennes Constellations de l'hémisphere austral avoient besoin d'une réforme générale. L'ordre que Bayer y avoit mis, ne se rapportoit plus aux nouvelles observations. Bayer n'avoit pas pris la peine d'observer, avant de distribuer ses Etoiles. Il avoit dressé son Planisphere sur le Catalogue de Prolé-

C vj

mée , & fur les remarques des premiers
Pilotes Portugais. M. de la Caille re-
fondit l'ouvrage de Bayer , & rétablit les
Conftellations de l'Eridan , du grand
Chien , de l'Hydre femelle & du Sa-
gittaire. Il divifa en trois parties la
belle Conftellation du Navire , compofée de plus de 160 Etoiles , toutes faciles à diftinguer. Il nomma *Pouppe* , la
premiere partie du Navire , *Corps* la feconde , & *Voilure* la troifiéme. Il fit
une claffe particuliere des Etoiles nébuleufes.

A l'égard de la Conftellation imagi-
née fans néceffité par le Philofophe Halley , M. de la Caille fit main-baffe fur
toutes fes parties. M. Halley avoit ôté
neuf Etoiles à la Conftellation du Navire , pour compofer fon a▆▆▆▆ avoit
choifi les plus brillantes , &▆▆▆ pris
ailleurs trois autres Etoiles d'un bel
éclat. M. de la Caille rendit au Navire
fes neuf Etoiles , & rétablit les trois
autres dans la place qui convenoit à

chacune. Ainsi le *Robur Carolinum* fut
anéanti, comme un nuage que le Soleil
diffipe, fans que l'emphafe de fon nom
ait pû l'en préferver.

C'eft ainfi que M. l'Abbé de la Caille
renouvella l'hémifphere auftral, & qu'il
exerça des prétentions que l'Aftronomie
avoit formées depuis plufieurs fiécles,
& qu'elle avoit différées, à caufe des
difficultés de l'entreprife : efpece de conquête qui étendit les bornes de l'empire de l'Aftronomie, & qui mit le comble à la réputation de notre Sçavant.

Quelqu'immenfes que fuffent les occupations qui faifoient l'objet principal
de fa miffion, il trouvoit le tems de
les entre-mêler & de les varier par d'autres opérations. On a de lui un grand
nombre d'obfervations faites au Cap
fur les réfractions aftronomiques, fur la
hauteur méridienne du Soleil & des
Etoiles, fur l'oppofition de Saturne &
de Mars au Soleil, fur les Eclipfes de
Lune, & fur les Eclipfes des Etoiles

par la Lune. Il a mefuré avec beaucoup de fatigue un degré du Méridien , à travers des plaines de fable
où il enfonçoit fouvent jufques aux genoux. La mefure qu'il a prife du 34e
degré de latitude auftrale , a été d'un
grand fecours aux Géographes , pour déterminer la figure de la terre. Elle femble prouver que cette figure eft irréguliérement applatie. Il a fait auffi des recherches fur la direction de la Méridienne , fur les vents , fur les faifons ,
fur la température , fur les orages , fur
les tonnerres , & fur les pluyes , fur le
Barometre fur la hauteur du Mercure
dans le Barometre , fur les crépufcules
& fur l'Aimant ; fur l'heure & fur la
hauteur de la marée , &c. Il en a préfenté fon rapport à l'Académie , avec
une Carte des environs du Cap qu'il a
levée. Cette Carte manquoit à la Géographie , celle de Kolbe étant entiérement fauffe. Le rapport & la Carte ont
été inférés par l'Académie , dans fes
Mémoires de 1751.

M. de la Caille n'a pas négligé l'Hiſtoire naturelle pendant ſon ſéjour au Cap. En parcourant le pays, il avoit ſoin d'examiner les plantes, les arbres, les fleurs, les ſimples, les oiſeaux même, les reptiles, les inſectes, & toutes les eſpeces d'animaux. Ses obſervations ont tourné au profit de ſa patrie.

Il a envoyé au Jardin du Roi un grand nombre d'oignons, de plantes, de graines, de racines inconnues en Europe. Feu M. de Juſſieu lui a pluſieurs fois rendu publiquement la juſtice d'avoir enrichi le Jardin du Roi de tréſors précieux. Il a auſſi pris la peine de faire deſſécher des oiſeaux rares & ſinguliers par leur figure & par leur plumage, & en a rempli un coffre qu'il a fait partir du Cap, à l'adreſſe de M. de Réaumur. Cette caiſſe a été perdue dans le trajet du Cap en Hollande. Il a rapporté du Cap un grand nombre de Coquillages & de Pierres ſingulieres, & une peau d'âne ſauvage, qu'on voit au Cabinet du Jardin du Roi.

Sur la fin de fon féjour au Cap , M.
de la Caille reçut des ordres de la Cour,
qui l'obligeoient de paſſer aux Iſles de
France & de Bourbon , afin de lever la
Carte des lieux. Cette opération pro-
longea fon abſence. Le tems de fon
départ ayant été fixé , il s'appliqua à
vérifier tous les points de diviſion de
fes inſtrumens , & diſpoſa ce qu'il devoit raſſembler.

Il avoit la permiſſion de faire paſſer
en France toutes fes malles , fans être
fujettes au droit de viſite. Il pouvoit
fe procurer un gain immenſe , à la faveur de cette permiſſion. L'on crut à
fon départ qu'il ne manqueroit pas de
profiter de l'occaſion. L'on fut très-furpris , lorſqu'au lieu de marchandiſe , on
lui vit remplir de paille une valiſe fort
large , dans laquelle il plaça quelques
inſtrumens. Un Particulier lui offrit cent
mille livres comptant , s'il vouloit lui
tranſmettre fon privilege , & lui prêter
fon nom. Il s'engagea au fecret, & lui dé-

montra presque que la permission qui lui
avoit été accordée , suppofoit qu'il com-
merceroit par un canal étranger. L'Abbé
répondit qu'il ne pouvoit accepter fon offre , ni en qualité d'Eccléfiaftique , ni
en qualité d'honnête homme : qu'il s'en
retourneroit comme il étoit venu.

Le 8 Mars 1753 , M. l'Abbé de la
Caille s'embarqua à bord du Vaiffeau
François *le Puifieulx* , deftiné pour la
Chine. Ce Vaiffeau devoit relâcher aux
Ifles de France & de Bourbon. Pendant fa traverfée du Cap à l'Ifle de
France , il fit l'expérience d'une méthode à l'ufage des Marins , pour trouver
fans embarras la longitude en mer.
Cette méthode qu'il a inférée dans fes
Ephémérides & dans un autre ouvrage ,
eft l'un des plus importans fervices qu'il
ait rendus à l'humanité. Avant cette découverte , il falloit , pour trouver la longitude , des calculs immenfes qui paffoient
la portée de tout Marin d'une capacité
ordinaire , de façon que dans un équi-

page, à peine trouvoit-on deux perfonnes en état d'opérer. Avec l'inftruction
de M. de la Caille , tout Marin initié dans le calcul, a la facilité de trouver promptement les longitudes en mer.
Le Vaiffeau le *Puifieulx* arriva à l'Ifle
de France le 18 Avril , quarante jours
après fon départ du Cap.

Les opérations de M. de la Caille à
l'Ifle de France , font rapportées dans
les Mémoires de l'Académie de l'année
1754, & dans fon Journal hiftorique.
Il féjourna neuf mois dans cette Ifle. Il
en partit le 16 Janvier 1754 , & arriva
le lendemain à Saint-Denis de l'Ifle de
Bourbon. Après avoir rempli l'objet de
fa miffion , il partit de cette Ifle le 27
Février 1754, fur le Vaiffeau l'*Achille*,
qui revenoit en France.

Le 15 Avril fuivant , ce Vaiffeau
mouilla à l'Ifle de l'Afcenfion , efpece
de butte en pleine mer , compofée de
plufieurs montagnes , & formée par un
Volcan. Elle eft couverte d'une terre

rouge femblable à de la brique pilée. Sa capacité eft un gouffre qui retentit d'un bruit fourd & confus, lorfqu'on frappe le fol auprès des bords du Volcan. M. de la Caille ne demeura que cinq jours dans cette Ifle. Il y fit fes obfervations, & en détermina la pofition ; point important aux Vaiffeaux qui retournent de l'Inde en Europe. Le 20 Avril, il fe rembarqua fur l'*Achille*, & arriva au Port de l'Orient le 4 Juin, à deux heures & demie du foir, après une heureufe navigation.

Il demeura à l'Orient jufqu'au 17, en repartit, & arriva à Paris le 28, après une abfence de trois ans huit mois.

Il entra dans la Capitale avec cette modeftie qui accompagne ordinairement le rare mérite. Tout autre Sçavant auroit paru en triomphe pour recueillir des fuffrages juftement mérités. L'Abbé de la Caille fe cacha dans le fein de fes amis, & ne fe montra que

par degrés , fuyant les éloges comme
on évite le blâme.

Le Public l'attendoit à la rentrée de
l'Académie d'après la Saint Martin ,
comme on attend un aftre à fon paffage. Il y parut, embarraffé de fon main-
tien & de toute fa perfonne. Cette fimplicité de mœurs piquoit de plus en
plus la curiofité & les fentimens de ceux
qui venoient pour Jouir de fa préfence.
La modeftie des Sçavans du premier
ordre eft pareille à la vertu d'une jeune
beauté , qui rougit des hommages qu'on
lui rend , & des empreffemens qu'on
lui témoigne.

Il étoit agréable à fes amis , confon-
dus dans une foule fçavante, d'entendre
les éloges qu'on lui prodiguoit. Les uns
les comparoient à un aftre qui revient fur
l'horifon ; les autres confidéroient fes découvertes comme une conquête qui avoit
étendu la fphere des connoiffances hu-
maines. Ceux-ci préféroient fon expédi-
tion à celles des Conquérans qui verfent

le fang; ayant enrichi la Littérature d'une infinité de connoiffances qui tournoient au profit de l'humanité, & qui raffu-roient la navigation contre les dangers des mers. Enfin l'on établiffoit des comparaifons exagérées, pour marquer le cas infini qu'on faifoit de fes talens, de fon amour du bien public, & de fes découvertes.

M. de la Caille ignoroit ces propos, qui auroient mis fa modeftie dans un état violent, s'il les avoit entendus.

Tant de travaux méritoient bien à notre Sçavant les diftinctions de l'Etat militaire. Il accepta une gratification annuelle de 500 livres, que l'Académie lui offrit, & négligea cent moyens d'avancer fa fortune. Les bienfaits, même les plus modiques d'une Société fçavante, flattent bien plus l'amour-propre, que les tréfors prodigués par des mains qui récompenfent le mérite fans le connoître.

La réfolution que M. l'Abbé de la

Caille avoit prife de confacrer à l'avancement de l'Aftronomie tous les momens de fa vie, ne lui permit aucun repos. Semblable à ces anciens Miffionnaires qui fe confinoient dans des Deferts, après avoir travaillé à la propagation de la foi au péril de leur vie, il forma le deffein d'aller s'établir dans le Languedoc, ou dans la Provence.

On jouit dans ces Provinces d'un Ciel bien plus ferein que dans la Capitale de la France. Ces nuages & ces tems nébuleux qui font le défefpoir des Aftronomes, lorfqu'ils leur dérobent la vûe des Aftres au moment le plus favorable, paroiffent rarement à l'extrémité méridionale de la France. Il devoit profiter de ce beau Ciel, pour compléter le Catalogue des Etoiles feptentrionales, loin du tumulte & des importunités. Ses amis le détournerent de ce deffein. Les Lettres n'y ont rien perdu. Son application au travail s'eft toujours foutenue dans des genres très-utiles à la fociété.

Depuis ſon retour du Cap , notre Sçavant employa ſes premiers ſoins à rédiger ſes obſervations , & leur compara celles de ſes correſpondances , afin de mettre la derniere main au grand œuvre de ſa miſſion. Il détacha d'abord 1936 Etoiles de ſon Catalogue général, que l'Académie plaça dans ſes Mémoires. Il différa d'en donner les obſervations juſques à l'année 1760 , afin qu'il n'y manquât rien de ce qui pouvoit concourir à leur perfection. Cet important ouvrage eſt imprimé en grande partie aux frais de l'Auteur , qui n'a pas eu la conſolation de le voir achevé.

Outre les deux parties de la Relation de ſes Voyages, M. de la Caille a enrichi les Mémoires de l'Académie de pluſieurs Pieces importantes. Ce Recueil contient un Mémoire ſur les Etoiles nébuleuſes auſtrales , ſur la préciſion de la meſure de M. Picard , diverſes obſervations aſtronomiques faites à Paris en 1759, des remarques ſur quel-

ques articles touchant la théorie du Soleil, des recherches fur les réfractions
aftronomiques, & fur la hauteur du
Pôle de Paris, avec une nouvelle Table
de réfractions, & une addition à cette
Table, un Mémoire fur la bafe de Vil-
le-Juive, & une autre enfin fur la théorie du Soleil, qu'il lut le 20 Décembre
1757.

En 1757, M. l'Abbé de la Caille
rendit public fon ouvrage intitulé, *Aftronomiæ fundamenta*, l'un des plus
importans qui ayent paru en faveur de
l'Aftronomie. Cet ouvrage fuppofe dans
fon Auteur une connoiffance fûre &
complette des deux hémifpheres céleftes.

L'Avertiffement eft un chef-d'œuvre
de diction & de précifion. Il nomme
ce Livre à jufte titre le fruit de fes veilles, & comme le réfultat de fes obfervations d'Europe & d'Afrique. Ce Livre
contient deux parties. La premiere comprend des Tables qu'il a calculées avec
beaucoup

beaucoup de foin. Ces Tables ont pour objet de réduire ou d'accorder la pofition vraie des Etoiles fixes avec leur pofition apparente. La feconde eft deftinée à marquer les pofitions de 400 Etoiles, les plus grandes & les plus brillantes. Cette double opération conduit à une connoiffance de l'état du Ciel, la plus parfaite qu'on puiffe acquérir.

Cet ouvrage qui forme un Volume in-4°. eft fuivi d'obfervations fur les réfractions des Aftres, & des Tables folaires du même Auteur qui parurent en 1758.

L'Académie a coutume de charger un de fes Membres de la continuation du Livre de la connoiffance des Temps. Cette tâche ayant vaqué en 1758, M. de la Caille auroit eu l'agrément de l'Académie pour la remplir; mais il la refufa, probablement parce qu'il pouvoit employer fon temps à des opérations plus importantes en fuivant fon travail. L'on récompenfa ce refus d'une gra-

D

tification annuelle de quatre cent livres.

En 1759, M. de la Caille préfenta plufieurs Mémoires à l'Académie, fur la recherche des longitudes en mer par les obfervations de la Lune, fur le calcul de la route de la Comete qui parut cette année, & fur la maniere d'en déterminer les élémens.

Il forma en 1760 le deffein de déterminer un certain nombre d'Etoiles Zodiaçales; & afin d'exécuter plus fûrement l'entreprife, il fit faire un inftrument exprès. Il obferva 600 Etoiles Zodiacales pendant les deux années 1760 & 1761, Il comptoit en donner le Catalogue dans le quatriéme Tome de fes Ephémérides qui doit bien-tôt paroître, Le Sçavant qu'il a chargé par Teftament de la continuation de fes ouvrages, fe propofe de remplir fes vûes à cet égard.

Pendant fon féjour au Cap, le public avcit prefqu'épuifé les éditions de fes Leçons Elémentaires de Mathématique, d'Aftronomie, de Méchanique

& d'Optique. Il revit ces ouvrages auxquels il fit des changemens & des augmentations, qui contribuerent à leur donner un nouveau degré de perfection. Il lut en 1760 plusieurs Mémoires, des observations sur la théorie de la Comete de 1759, sur les Elémens de la Comete d'Orion en 1760, & un autre Mémoire contenant des observations, & la théorie de la Comete de Lion en 1760. Il lut aussi un écrit sur la parallaxe du Soleil, par la comparaison des observations de Mars & de Vénus faites au Cap & en Europe.

Au mois de Juillet de la même année 1760, M. de la Caille avoit commencé un grand ouvrage auquel il travailloit encore lorsqu'il fut attaqué de la maladie dont il est mort. C'étoit un cours suivi d'observations de toutes les parties du Ciel, relativement les unes aux autres. Il devoit en résulter une vérification exacte de toutes les anciennes observations, & une certitude pour opé-

D ij

rer, très-utile aux Aftronomes. Ses correfpondances avec les premiers Aftronomes de toutes les parties du monde (*a*),
lui donnoient une grande facilité de conduire à fa perfection ce travail qui n'avoit
encore été que mal-ébauché. La continuation de cette entreprife mériteroit d'occuper un Sçavant du premier ordre.

M. Bouguer avoit mis au jour en
1756 un bon Traité fur le Pilotage, en
un volume in-4°. Une maladie mortelle attaqua ce Sçavant au moment qu'il
devoit publier un Traité d'Optique.
M. Bouguer pria M. de la Caille de
revoir fon Traité du Pilotage, & le
chargea par Teftament du foin de revi-
fer & de mettre au jour le Traité d'Optique. M. de la Caille répondit à ces
marques de confiance. Le Traité d'Optique de M. Bouguer parut en 1760.
Quant au Traité du Pilotage, l'Abbé
de la Caille jugea à propos de le refon-

(*a*) Voyez la douziéme note à la fin du Difcours.

dre ; ce qu'il exécuta de maniere qu'en
l'abrégeant, il l'augmenta. Il compofa
fous le titre d'abrégé un nouvel ouvrage
in-8°. clair & précis, contenant prefque le double des matieres de l'in-4°.
qu'il avoit extrait. Ce Traité a paru en
1706, avec des Tables de Logarithmes,
dont l'ordre & l'exactitude ne laiffent
rien à defirer.

Le foin de retoucher les ouvrages
d'autrui, eft ordinairement un facrifice
qui coûte beaucoup à l'amour-propre
des Sçavans du premier ordre. Nés avec
les talens d'un efprit créateur, ils dé-
daignent de reprendre les brifées des
autres. Ils aiment mieux tenter des voies
qui n'ont pas encore été frayées, afin
de ne partager avec perfonne la gloire à
laquelle ils afpirent. M. de la Caille
n'a jamais eu ce foible : la vûe de l'utilité publique a toujours été le mobile
qui l'a mis en action.

Outre l'art du Pilotage, il poffédoit
les parties principales de la Navigation.

D iij

Il avoit des connoiſſances profondes ſur les loix de la mer, ſur la manœuvre, & même ſur la conſtruction. Il devoit compoſer des Leçons élémentaires de Navigation, lorſque la mort l'a enlevé. Ces Elémens auroient paru ſous la même forme & dans le même ordre que ſes autres Leçons élémentaires.

Il devoit auſſi concourir à la compoſition d'un Traité hiſtorique ſur l'ancienne navigation des François. Les connoiſſances qu'il avoit acquiſes ſur ce ſujet, l'avoient convaincu qu'il devoit réſulter, dans les circonſtances préſentes, un très-grand avantage de la comparaiſon des anciennes pratiques avec celles de nos jours. Les eſpérances que notre Marine avoit fondées ſur ſes talens, ſont perdues ſans retour. Ce qui doit nous rendre encore plus ſenſibles les regrets de cette perte, c'eſt que ces divers projets auroient été exécutés promptement. Il avoit l'avantage de joindre la pratique à la théorie : ſes Voyages au

Cap & aux Ifles lui avoient acquis une grande expérience.

Semblable à ces Aftres qui paroiffent plus grands fur leur déclin qu'au milieu de leur courfe, M. de la Caille commença de grandes entreprifes la derniere année de fa vie. Il paya fon tribut Académique de l'année 1761 par cinq Mémoires importans : le premier, contenant fes obfervations de l'année 1760 : le fecond, fur la parallaxe de la Lune : le troifiéme eft une notice des Manufcrits du Landgrave Guillaume de Heffe. Le quatriéme contient fes obfervations du paffage de Vénus fur le Soleil : le cinquiéme eft un extrait des obfervations de M. de Chazelles, avec une notice des ouvrages de ce Sçavant, que l'Académie conferve dans fon dépôt.

Il lut auffi dans une féance publique, un difcours fur les progrès de l'Aftronomie depuis trente ans. Ce difcours eft imprimé à la tête du quatriéme.Tome de fes Ephémérides qui va paroître.

Ses amis le follicitoient depuis long-
tems de donner à la Littérature une
Hiſtoire complette de l'Aſtronomie, depuis ſon origine juſqu'à nos jours; &
il s'étoit conſtamment refuſé à leurs
inſtances. L'accueil que le public fit à
ſon diſcours fur l'état moderne de l'Aſtronomie, l'obligea de céder. La mort
qui prévient l'exécution des meilleurs
projets, ou qui les étouffe en naiſſant,
fit échouer l'entrepriſe. L'ouvrage auroit contenu des recherches curieuſes &
profondes fur les premiers commence-
mens de l'Aſtronomie, & des éclaircif-
ſemens judicieux de certaines fables de
la Mythologie, qui ſont les ſeuls monumens qu'on ait pour ſervir à l'Hiſtoire
de l'Aſtronomie, pendant les tems héroïques. L'Ecole Caldéenne eût paru
avec la diſtinction qui lui eſt dûe. On
eût trouvé dans l'Hiſtoire de l'Ecole
Egyptienne le dénouement d'un grand
nombre de difficultés qui ſe rencor-

rent dans les ouvrages que Ptolomée a composés sur la science des Astres. L'Auteur eût suivi l'Astronomie chez les Grecs & chez les Romains des deux Empires ; chez les Arabes, & dans toutes les contrées où elle a été en honneur, en Italie, en Allemagne, en France, &c. Il avoit des notions intéressantes sur les personnes & sur les écrits d'un grand nombre d'Astronomes qu'on ne connoît point.

Comme il étoit familier avec ces matieres, au point de mettre la main dans le moment sur les Livres qui les contenoient, il n'a rien laissé par écrit, de sorte que le projet qu'il avoit formé est à pure perte.

Je ne citerai point d'autres ouvrages qu'il auroit indubitablement donnés, s'il eût vécu. Ce que je pourrois en dire, ne serviroit qu'à augmenter nos regrets, & la douleur que les Sçavans ont conçue de sa perte.

Il semble que la mort s'attache à en
D w

lever les grands hommes à la fleur de l'âge, comme pour fe venger, en abrégeant leurs jours, du privilege qu'ils ont acquis, de vivre à jamais dans l'eftime de la poftérité. M. de la Caille achevoit fa 49ᵉ année, lorfque fon tempérament céda aux accès d'une maladie violente.

A la fin du mois de Février 1762, il reffentit les fymptômes de la maladie qu'il avoit effuyée au Cap à la fin du mois de Février 1752 ; une courbature, une plénitude, un rhumatifme dans les reins, un faignement de nez, & des marques d'indigeftion. Il continua fes exercices ordinaires jufqu'au neuviéme jour du mois de Mars. Une premiere faignée du pied fit déclarer une fluxion de poitrine, accompagnée d'un étouffement & d'un point de côté. Il ne put fe diffimuler le danger de fa fituation, & fe difpofa à faire une fin Chrétienne. Epuifé par des faignées révulfives, tant du bras que du pied, il reconnut, mais trop tard, le genre de fa maladie. Hélas ! difoit-il, fi l'on me traitoit comme au Cap, j'aurois efpérance d'en revenir.

Il vit la mort doubler le pas fans s'effrayer. Il s'y difpofa en Chrétien, & donna à ces cœurs endurcis par les maximes d'une incrédulité aveugle, l'exemple d'une réfignation fincere aux ordres du Créateur. On lui adminiftra le Sacrement de Pénitence. Il fit fon Teftament : il demanda le Viatique ; mais comme on avoit des efpérances de guérifon, l'on crut devoir différer : le danger n'étoit plus que dans l'épuifement.

La nuit du 19 au 20 Mars, il eut l'accès de fiévre périodique, un peu plus fort que les précédens. Les Médecins, après une combinaifon fcrupuleufe des régles de leur art, crurent qu'une nouvelle faignée du pied couperoit racine au mal. On la lui fit le 20 Mars à fix heures du matin. Il tomba dans un

affoupiffement de vingt-quatre heures ;
& mourut le 21 , au même âge que fon
pere , & dans le mois de fa naiffance :
trifte anniverfaire qui fut célébré par les
larmes de fes amis.

L'évacuation qui avoit terminé fa maladie au Cap , dix ans auparavant, fe
déclara une demi-heure après fa mort ;
mais fes yeux étoient fermés à la lumiere ; les effets de l'art avoient été plus
prompts que ceux de la nature.

Enféveli dans un fommeil qui ne
finira point , nos regrets ne peuvent le
rappeller à la vie : cependant , comment ne pas regretter une tête fi pré-
cieufe ? Les Sciences & la vertu, l'honneur & la bonne-foi, la modeftie & la
candeur , trouveront-elles encore des
mortels qui lui reffemblent ?

Que lui fert-il d'avoir mefuré la terre
& les eaux , d'avoir compris dans des
calculs infinis l'immenfe étendue de
l'Univers ? d'avoir tracé la route des
Etoiles? & d'avoir pris l'effor jufqu'aux

Cieux , pour y établir de nouvelles:
puiſſances , lui que la mort devoit cou—
vrir de ſes ombres ? Les é -eils , les:
naufrages , & tous les dangers des mers
l'avoient reſpecté , & une mort préci-
pitée l'enleve dans le ſein du repos , &
dans la force de l'âge.

Laborieux par habitude & par goût,
M. de la Caille comptoit perdus les
momens qu'il n'employoit pas au ſer-
vice du public ou des particuliers. L'intérêt n'a jamais eu de part à ſes actions.
Il a conſervé pendant toute ſa vie , une:
inſenſibilité conſtante aux attraits de la
fortune. Simple par caractere , il a été
modeſte par réflexion : obligeant envers:
tous ; zélé pour ceux avec leſquels il
étoit uni par les liens de la probité ou
de l'amitié.

Le travail a été ſon élément. Ses fatigues de la Méridienne & ſon Voyage
au Cap lui avoient formé un tempérament robuſte , à l'épreuve de toutes ſortes d'infirmités , à l'exception d'une

pituite qui l'incommodoit pendant les hyvers. On le voyoit levé à cinq heures du matin, travailler jufqu'à midi fans relâche, dîner en lifant, fortir une heure, reprendre fon travail jufqu'à huit heures du foir, fouper en lifant fes Lettres, & monter à fon Obfervatoire, où il paffoit une partie de la nuit. Il nommoit *jours de repos*, le tems qu'il employoit ainfi, par oppofition à celui qu'il paffoit en vifites actives & paffives, même pour fes propres affaires.

Il foutenoit ce train de vie par une fobriété fans exemple. Il prenoit fes repas par habitude & par raifon, jamais par befoin. Cependant il ne regrettoit pas les momens qu'il paffoit à table avec fes amis, dans une joye honnête.

Une fois abforbé dans fes calculs, on le voyoit plus difficilement que Mercure ou Vénus, lorfque ces Planetes fe rencontrent dans le difque du Soleil. Livré à fon objet, il regardoit d'un mauvais œil tout ce qui pouvoit le détourner. Trois chofes lui caufoient de l'humeur ; les louanges, les propos inutiles, & la préfence de gens qu'il foupçonnoit d'avoir manqué à la probité & à l'honneur. Hors ces rencontres, on lui trouvoit toutes les qualités d'un homme aimable & amufant dans la fociété.

Que le public eft injufte dans fes procédés ! Il mefure l'eftime qu'il accorde aux Sçavans fur l'importance & fur l'affiduité de leurs travaux, & il prend plaifir à leur faire perdre dans des entretiens inutiles un tems précieux, que l'on confacre à fon utilité ou à fon agrément. M. de la Caille effuyoit un grand nombre de vifites importunes, jufqu'à être quelquefois excédé. Le defir de s'y fouftraire, l'avoit déterminé, comme on l'a déja dit, à fe retirer en Provence, après fon retour du Cap. Le Roi lui ayant accordé un appartement au Château de Vincennes, trois mois avant fa mort, il avoit réfolu de s'y fixer, afin d'avoir une entiere liberté de se livrer au travail.

Il comparoit l'accueil d'un public importun à l'affection de ces animaux qui étouffent leurs petits à force de caresses. L'ambition de l'homme, disoit-il, a trois objets principaux : l'autorité, la fortune & la réputation. Il est bon d'user de ces trois choses; les porter chacune à son comble, c'est un fardeau, & souvent un fléau.

Il avoit une aversion décidée pour les louanges. Horace disoit d'Auguste, que si on le flattoit, *il regimboit* (a). M. de la Caille ne vouloit point qu'on le flattât en aucune façon. Il ne goûtoit pas dans la vie de plaisir plus vif que celui de connoître qu'il avoit rendu service : il ne vouloit aucune espece de remercimens ; mais il étoit flatté d'apprendre par des voyes indirectes, qu'on avoit été sensible à ses soins.

(a) *Cui malè si palpêre, recalcitrat undique tutus.* Hor. Satyr. Lib. 2. Sat. I. vers. 20.

Ses fentimens touchant la fortune font finguliers. Il la fuyoit. On lui dit un jour qu'il mourroit avec 10000 livres de rente : Bon pour mourir, repliqua-t'il , car pour vivre cela m'embarrafferoit très-fort.

On s'employa, à fon retour du Cap, à lui obtenir un Bénéfice ou une Penfion de la Cour ; il fe refufa à toute efpece de démarches. Une perfonne en crédit fit à ce fujet des avances auxquelles la bienféance l'eût obligé lui-même ; on ne put jamais le déterminer à y répondre. Le Prélat, dépofitaire de la Feuille, qui defiroit le récompenfer , mourut dans ces entrefaites.

Il poffédoit à Anet un Prieuré fimple, & il le réfigna.

Feu M. le Cardinal de la Rochefoucault lui fit des propofitions avantageufes, auxquelles il fe prêta comme malgré lui. Le Prélat ne vécut pas affez long-tems pour effectuer fes deffeins.

Son pere avoit laiffé des dettes. Ces

dettes ne le regardoient en aucune forte , parce qu'il n'avoit pas profité de fa fucceffion : cependant il les acquitta fcrupuleufement avant fon départ pour le Cap. Il ne parut chez aucun Miniftre , & ne demanda rien pour fa dépenfe , & celle d'un ouvrier pendant trois ans. Il fut dans fon pays vendre ce qui lui reftoit de bien pour fervir aux frais de fon voyage. Il fallut que le Miniftre le mandât quelques jours avant fon départ, & qu'il le forçât de recevoir 200 Louis pour fubvenir aux frais de fa route.

L'Abbé de la Caille employa fur le champ cette fomme à l'acquifition d'un magnifique quart de cercle dont il avoit conduit le travail. Ce quart de cercle , avec quelques autres inftrumens , avoit été commandé par le Préfident de l'Académie de Pétersbourg , dont le décès avoit réduit l'Artifte à la néceffité de garder l'inftrument. Notre Sçavant le paya comptant, & déclara par un écrit figné de fa main , qu'il appartenoit à l'Académie.

A la vente des Livres d'un Sça-vant qui avoit été fon intime ami , il fignala fon défintéreffement & fa pro-bité par un trait de générofité , qui eft peut-être fans exemple. On expofa un volume mal-conditionné , mais d'une grande rareté. Il en connoiffoit le prix. Ce Livre alloit être adjugé pour une li-vre ; il y mit un fol d'enchere , & l'eut pour vingt-un fols. Il défendit à l'Huif-fier d'écrire l'adjudication, lui ordonna de garder le Livre , & de l'expofer en vente une feconde fois à la féance pro-chaine. Il raffembla des connoiffeurs du jour au lendemain , & le Livre de 21 fols fut vendu 300 livres.

Il a fait imprimer à fes frais tous fes Traités élémentaires, afin de les ven-dre à ceux qui prenoient fes leçons , la moitié du prix coûtant. L'excellent ou-vrage qui a pour titre , *Aftronomiæ fundamenta ,* lui a coûté 1100 livres de frais. Ses Tables Solaires , & le Catalogue des Etoiles du Cap, ont été exécutés de même, & tirés à 120 Exemplaires feulement, pour être diftribués aux grandes Bibliotheques , & aux principaux Aftronomes de l'Europe. Ce commerce l'auroit ruiné indubitablement, fans les foins & le défintéreffement de l'Imprimeur fon ami , qui ne s'eft jamais permis aucun gain fur fes ouvrages.

Nous ne pouvons difconvenir que ce portrait d'un Sçavant défintéreffé ne foit un peu chargé. Il eft beau de manquer par un excès de vertu. On doit comparer la nobleffe de fentimens dont M. de la Caille faifoit profeffion , aux actions héroïques de ces preux Chevaliers, dont la bravoure tenoit un peu de la témerité. On ne peut refufer toute fon admiration à leurs faits d'armes & à leur intrépidité. Voici le portrait de notre Académicien en racourci.

Sous les dehors d'une complexion robufte, exiftoit une belle ame , & un

efprit délicat, orné de connoiffances fu-
blimes. Pénétrant par la penfée, l'Abbé
de la Caille étoit folide dans fes jugemens. Il fixoit la vérité d'un premier
coup d'œil, la dégageoit des nuages de
l'erreur, la rendoit palpable dans fes
difcours & dans fes écrits, avec un
choix d'expreffions, qui fous peu de mots,
renfermoient un grand fens. La bien-
faifance & le défintéreffement fe difpu-
toient l'empire de fon cœur. Un long
commerce avec toutes les Nations du
monde, avec toutes les conditions &
tous les états, lui avoit acquis une
connoiffance approfondie des refforts
du cœur humain. Il refpeêtoit l'honneur
& la probité par-tout où il les trouvoit,
& découvroit à coup fûr où elles n'é-
toient pas.

Sçavant dans prefque tous les genres,
excellent dans plufieurs, unique dans
fa partie, il fe diffimuloit l'étendue de
fes connoiffances. L'érudition couloit
de fa bouche fans qu'il s'en apperçût. Il

ignoroit tout, à l'entendre. Pour tirer de lui ce qu'on defiroit, il falloit bien fe garder de l'aborder de front; l'on n'obtenoit rien. En le prenant en flanc, on faifoit couler de fa bouche une fource de fcience intariffable.

Sa modeftie n'étoit pas une de ces rufes que les hommes ordinaires employent, afin d'exciter les fentimens de ceux dont ils briguent l'eftime ou la protection. Il eût defiré pouvoir arrêter fa réputation, à mefure qu'elle prenoit des accroiffemens : content d'inftruire fans fe montrer, il ne fe trouvoit jamais mieux placé qu'au niveau du refte des hommes.

Sobre par tempérament, fimple par caractere, il a vêcu fans ambition & fans fortune, en Philofophe Chrétien, plus intérieur qu'affectueux : profond fans obfcurité, fçavant fans orgueil. Sa mort a caufé un regret général, fondé fur l'affemblage de fes connoiffances & de fes vertus.

Fin du Difcours.

REMARQUES

SUR

LE DISCOURS.

PAGE 19. La Base de M. Picard fut trouvée défectueuse d'une toise sur mille. Cette correction ne fut pas d'abord adoptée par tous les Astronomes ; mais l'Académie ayant nommé huit Commissaires pour examiner de nouveau cette matiere, on mesura deux fois la même base , & l'on trouva le même résultat que M. de la Caille : preuve bien authentique de son (exactitude & de son habileté.

Page 23. Son Observatoire au Collége Mazarin étoit le plus solide & le plus commode qu'il y eût dans Paris ; il y avoit fait construire un toît tournant pour observer les hauteurs correspondantes des Etoiles, opération longue & difficile que personne avant lui n'avoit employée aussi souvent & avec tant de succès ; il y avoit établi sur un bloc de pierre un inftrument des paffages, auquel il ne manquoit pas une feconde fur les 90 degrés de fa hauteur, pour être exactement dans le Méridien; un des maffifs de l'Eglife du Collége Mazarin qui monte de fond en comble, & fur lequel fes inftrumens étoient affis, leur procuroit une immobilité dont on ne peut fe paffer pour faire de bonnes obfervations.

Page 26. Un Aftronome de l'Académie (*a*) a entrepris de remplir l'objet que M. de la Caille s'étoit propofé, dans un grand ouvrage d'Aftronomie qui eft actuellement fous preffe, où l'on trouvera la figure, la conftruction & l'ufage des plus grands & des meilleurs inftrumens d'Aftronomie, la maniere de s'en fervir dans l'obfervation, de les vérifier, & d'en tirer des conféquences pour le progrès de cette fcience.

Page 43. La defcription des Etoiles fixes, & le Catalogue général qu'il vouloit en dreffer, eft le fondement effentiel & néceffaire de toute l'Aftronomie. M. de la Caille a rempli ce projet dans toute fon étendue pour l'hémifphere

(*a*) M. de la Lande.

auftral;

auſtral ; on imprime actuellement le Recueil des principales obſervations qu'il en a faites, avec le Catalogue de près de 2000 Etoiles, les plus remarquables entre plus de dix mille qu'il obſerva au Cap de Bonne-Eſpérance.

Page 48. Les obſervations ſur la parallaxe de la Lune furent faites à Berlin dans le même tems par M. de la Lande, qui alla par ordre du Miniſtere, & par l'avis de l'Académie, pour y travailler ſur le même plan : le réſultat de ce travail ſe trouve dans les Mémoires de l'Académie pour 1751, 1752, 1755 & 1761.

Page 53. On aura peine à croire qu'un jeune Chien ait été pour notre Sçavant un délaſſement pendant les nuits pénibles qu'il paſſoit dans la contrainte. M. de la Caille trouva dans une rue de l'Orient, un Chien nouveau né, aveugle encore, qu'on avoit jetté au coin d'une borne. Il le prit pour s'en amuſer dans ſa traverſe. Il le dreſſa de maniere, que ce jeune animal diſſipoit ſon ennui, & ſembloit le ſoulager de ſes fatigues, dans ſes momens de ſolitude, qui ſont le fléau des perſonnes expatriées. Il le nomma *Grisgris*, de la couleur de ſon poil.   E

Il l'accoutuma tellement aux coups
& aux niches, que cet animal, après un
long repos, cherchoit à être frappé ;
c'étoit la façon de le flatter. Sur quoi
quelques personnes ont souvent remarqué en plaisantant, que le Chien enché-
rissoit sur son Maître, qui fuyoit les ap-
plaudissemens & les caresses : Grisgris
alloit au-devant des coups.

Débarqué à Rio-Janéiro, l'animal,
âgé pour lors de deux mois & demi,
présenta à tout l'équipage un spectacle
amusant. Les maisons & tous les objets lui paroissoient des monstres, après
lesquels il aboyoit : il trébuchoit &
tomboit, parce qu'ayant été embarqué
aveugle & sans force, il avoit été élevé
dans un Vaisseau. Il n'avoit que le pied
marin, & n'avoit jamais vu la terre.

Arrivé au Cap, il fit preuve d'une
complaisance singuliere qui le faisoit aller au-devant de tout ce qui pouvoit
amuser son Maître, & cette complaisance étoit jointe à la fidélité du plus
parfait des Chiens. On le tenoit renfermé pendant le jour ; son Maître le lais-
soit rarement sortir, sur-tout lorsque
ses affaires l'appelloient loin de la ville
du Cap, à cause de la morsûre des

Serpens des fables, qui eft mortelle aux chiens comme aux hommes.

La nuit étoit pour *Grisgris* un tems de récréation & de travail. Son Maître n'en paffoit aucune fans l'avoir à fes côtés, parce que dans les intervalles de fes obfervations, il s'en amufoit au point, qu'un moment paffé avec fon Chien, lui faifoit oublier les peines d'une attitude des plus fatigantes, à laquelle il étoit aftreint pour obferver au Zénith.

Qu'on juge, par ces traits, fi notre *Grisgris* n'a pas acquis au Cap, une préférence bien décidée fur le Chien *Syrius*, & s'il ne mériteroit pas bien mieux que ce dernier, de donner fon nom à quelque Conftellation, ou au moins à quelque Etoile remarquable de l'hémifphere auftral.

Page 62. Le travail de M. l'Abbé de la Caille fur la figure de la terre, c'eft-à-dire, la mefure du degré qu'il fit au Cap de Bonne-Efpérance, fans autre fecours que celui des Négres, eft une des chofes incroyables de cet habile Aftronome ; on y voit une diftance de 69669 toifes, c'eft-à-dire, de près de 35 lieues, mefurée géométriquement,

& avec le dernier scrupule , depuis
Klipfonteyn jusqu'au Cap , en ligne
droite au travers des montagnes ; une
base de 6467 toises, mesurée immé-
diatement deux fois avec les toises , sans
qu'il y eût un pied de différence entre
les deux mesures , & révérifiée encore
une troisiéme fois au cordeau (Mém. Ac.
1751 , page 436) : tout cela dans un
désert inhabité & brûlant. On y voit
un Obfervateur obligé de se faire saigner
plus d'une fois pour prévenir l'inflam-
mation , passant les jours au Soleil , &
souvent les nuits à la pluye. L'humanité frémit d'une situation pareille : les
hommes les plus laborieux admirent
cette constance , & les Astronomes les
plus exercés s'étonnent de voir tant de
choses exécutées en si peu de tems par
un seul homme , & avec une si grande
précision. Les observations astronomi-
ques furent faites sur seize Etoiles différentes , & la plus grande erreur de
toutes ces comparaisons n'alloit qu'à
quatre secondes. Les quatre triangles
qu'il forma eurent tous leurs angles me-
surés , quoiqu'il y eût des côtés de 41
mille toises, c'est-à-dire , quoiqu'il fût
à vingt lieues des signaux qu'il obser-

voit. Enfin il acheva dans l'espace de quelques mois un ouvrage presque aussi considérable que celui que plusieurs Académiciens ensemble n'ont pû faire au Pérou que dans l'espace de plusieurs années, & il trouva que le degré de la terre étoit de 57037 toises vers 33 degrés un tiers de latitude australe.

Pag. 65. La méthode qu'il a trouvée pour calculer les longitudes en mer, lorsqu'on a observé la distance de la Lune à une Etoile, est si abrégée & si commode, qu'un Pilote peut par son moyen faire en demi-heure avec la Régle & le Compas, sans sçavoir même la Régle de Trois, ce qu'un Calculateur auroit peine à faire en cinq heures de tems avec des Tables de logarithmes & des Régles de trigonométrie sphérique. Elle a été jugée par l'Académie si intéressante pour la navigation, qu'elle a été réimprimée quatre fois ; sçavoir dans la connoissance des tems de 1761, dans celle de 1762, dans l'exposition du calcul astronomique par M. de la Lande, & dans les élémens de navigation de M. Bouguer, dont M. de la Caille fit faire à Paris une nouvelle édition.

Pag. 71. Le Mémoire que M. de la

E iij

Caille donna dans un volume des Mémoires de l'Académie de Berlin sur la précifion des mefures du degré de la terre faites entre Paris & Amiens, fut fait à l'occafion d'un écrit de M. Euler, qui avoit été imprimé, dans lequel on voyoit que cet illuftre Géomètre doutoit de l'exactitude du degré qui réfultoit du Livre de la Méridienne vérifiée. M. de la Caille avoit vû fans la plus légere inquiétude attaquer & déprécier fon travail dans des ouvrages imprimés à Paris. Les divifions & la haine qui les avoient enfantés, lui faifoient excufer ces injuftices, & fon ame douce & tranquille ne lui permettoit pas même de les repouffer par écrit ; mais voyant que ces doutes avoient percé jufques dans les Académies étrangeres, & qu'on ne fçavoit encore à quoi s'en tenir fur une queftion qui cependant étoit véritablement décidée depuis plus de quinze ans, il envoya à Berlin le Mémoire dont il s'agit ; il y démontre qu'il faudroit être ftupide ou ignorant, mal-adroit ou imbécille pour avoir commis dans cette mefure du degré de Paris, l'erreur qu'on avoit ofé y foupçonner, & certainement perfonne n'a douté depuis cet

écrit de l'exactitude de cette opération, & de l'erreur qu'il avoit démon-
trée dans celle de M. Picard.

Pag. 73. Les Tables du Soleil données par M. de la Caille en 1758, font
les premieres qu'on eût calculées en déci-
males de fecondes, où l'on eût employé
les inégalités caufées par l'attraction de
Vénus, de Jupiter & de la Lune fur le
mouvement de la terre ; où l'on eût
donné les grandes équations de dix en
dix minutes de degré ; enfin les premieres dont on ait donné la juftification par
près de 150 obfervations faites avec le
plus grand foin, & comparées avec les
Tables. On verra dans l'Hiftoire de
l'Académie pour 1758, ce qu'il faut
penfer d'un travail aufli neuf & aufli
prodigieux. Ces Tables dont il n'avoit
fait imprimer qu'un très-petit nombre
d'exemplaires pour fes amis & à fes
frais, ont été réimprimées dans l'*Expo-
fition du Calcul Aftronomique*, dont
nous avons déja parlé.

Pag. 76. M. l'Abbé de la Caille en-
tretenoit des correfpondances habituel-
les dans prefque toutes les parties du
monde. Nous ne les avons pas toutes
préfentes à l'efprit. Il nous fuffit de

E iv

nommer MM. Morthon, Bevis & Bradley de Londres, M. Zanotti de Boulogne en Italie, le P. Boscowitch de Rome, M. Wargentin de Stoékolm, M. Ferner d'Upsal, le P. Carcani de Naples, M. Mayer de Gottingen, le Pere Hell à Vienne, le Pere Ximenès à Florence, le Pere Pezenas à Marseille, le P. Beraud à Lyon, pour se former une idée du mérite des Sçavans avec lesquels il étoit en relation. Son séjour du Cap lui avoit procuré plusieurs connoissances aux Indes. Il étoit en commerce de Lettres avec les personnes les plus distinguées de la Ville du Cap, qui lui avoient voué un attachement sans réserve. Il pouvoit disposer de leurs services pour toutes les contrées où abordent les Vaisseaux qui doublent le Cap.

Il avoit pour Correspondant à la Chine, le P. Benoît son éleve, résident à Pekin dans le Palais de l'Empereur. M. de la Caille, après lui avoir donné pendant six mois entiers, des leçons d'Astronomie pratique, lui avoit consacré un grand nombre de nuits pour le perfectionner. L'histoire de ce Pere seroit curieuse à raconter, si elle n'étoit

pas ici un hors d'œuvre. Nous nous
permettons feulement de remarquer,
qu'étant parti pour Pekin en qualité
d'Aftronome, le préfent qu'il fit à l'Empereur, d'une Eftampe qui repréfentoit
des eaux jailliffantes, fut la caufe d'une
captivité rigoureufe, à laquelle il eft
encore affujetti.

L'Empereur demanda au Pere l'explication des Figures. L'explication lui parut un prodige, dont l'exécution devoit
furpaffer toutes les reffources de l'art
humain. Informé que le P. Benoît avoit
affez de talent pour exécuter ce qu'il
avoit expliqué, il le chargea du foin
d'orner fes Jardins de jets d'eau & de caf-
cades. L'exécution du premier jet d'eau
infpira à l'Empereur une efpece d'en-
thoufiafme : il fit garder le Pere, &
l'obligea de changer fon état d'Aftronome en celui de Fontenier.

Le Pere Benoît, qui n'avoit rien plus
à cœur que de concourir aux progrès
de la fcience du Ciel, & d'être utile au
Maître de qui il tenoit fes connoiffances aftronomiques, procura à M. de la
Caille la connoiffance du Pere Gaubil,
célébre Aftronome établi à la Chine.
Le Pere Gaubil envoyoit tous les ans à

M. de la Caille le détail de ses observations.

Pag. 79. Les observations du fameux
Landgrave Guillaume étoient encore
conservées en manuscrit à Cassel. M.
de la Caille, qui n'employoit jamais le
crédit de personne pour les affaires qui
l'intéressoient le plus, en eut assez pour
mettre dans ses intérêts M. le Duc de
Broglie, qui commandoit l'armée Fran-
çoise à Cassel. On fit copier toutes les
observations qui étoient dans les Archi-
ves ; on les envoya à M. de la Caille,
qui les déposa dans la Bibliotheque de
l'Académie des Sciences, où elles sont
actuellement.

Pag. 86. L'adresse de M. de la Caille étoit aussi singuliere que sa force &
son ardeur dans les observations ; il
s'étoit fait une habitude incroyable de
s'éveiller toujours à point nommé à
toute heure de la nuit quand il avoit
quelque observation à faire ; il s'étoit
accoutumé à regarder alternativement de
l'œil droit & de l'œil gauche ; l'un ser-
voit dans la lumiere, & l'autre dans
l'obscurité ; ce qui le dispensoit d'éclai-
rer les fils de la Lunette, & lui faisoit
observer avec facilité les plus petites

Etoiles. L'Obſervatoire dans lequel il a
fait pendant vingt ans un ſi grand nombre d'obſervations précieuſes, eſt deve-
nu l'Obſervatoire le plus célébre de
l'Europe. Ceux d'Uranibourg, de Caſ-
ſel, de Greenwich, de Boulogne, de
Copenhague, de Berlin, ne produiſirent
jamais une moiſſon ſi abondante & ſi
belle de travaux aſtronomiques ; le Collége Mazarin, dans l'Hiſtoire de l'Aſtronomie, aura la gloire de lui avoir
ſervi d'aſyle pendant vingt ans, & d'a-
voir été, comme autrefois le Portique
d'Aléxandrie, conſacré par les ouvrages
les plus fameux. La mort de M. l'Abbé
de la Caille a été ſuivie de circonſtances qui ont occaſionné la dégradation
totale de cet Obſervatoire.

Pag. 90. La préciſion de ſes inſtrumens d'Aſtronomie étoit une choſe auſſi
ſinguliere que le reſte de ſes travaux ; il
faiſoit faire ſes inſtrumens ſous ſes
yeux, il en vérifioit tous les points par
les opérations les plus pénibles, il les
connoiſſoit juſques dans les moindres
parties ; mais auſſi perſonne n'en approchoit. Il vouloit être en état d'en répondre, & il faiſoit faire des inſtrumens
de moindre conſéquence pour les per-

E vj

fonnes qu'il avoit la complaifance d'inftruire & de diriger dans cette carriere.
Un des plus diftingués de fes éleves, eft
M. Bailli, qui a donné un éloge hiftorique
de M. de la Caille dans *l'Année Littéraire* de M. Fréron, & qui s'occupe actuellement à rédiger les obfervations
des Etoiles Zodiacales que notre illuftre Abbé avoit laiffées imparfaites.

Fin des Remarques.

Fautes à corriger dans le Difcours.

Page 33, *ligne premiere.* Il a marqué l'heure & le méridien de chacune par le méridien
de Paris, *lifez* il a marqué l'heure du milieu de chacune pour le méridien de Paris.

JOURNAL

HISTORIQUE

Du Voyage de M. l'Abbé DE LA
CAILLE au Cap de Bonne-
Espérance, écrit par lui-même,
accompagné de notes & d'additions.

JOURNAL

HISTORIQUE

*De mon Voyage au Cap de Bonne-
Espérance, avec les remarques
& les réflexions que j'ai faites
dans l'occasion.*

1750, 21 OCTOBRE.

JE suis parti de Paris le 21
Octobre 1750, à sept heures
du soir ; je suis arrivé à l'Orient
le premier Novembre au soir.
Je me suis embarqué sur le Vaisseau le Glorieux, commandé par
M. Daprès. Nous partîmes du
Port de l'Orient le 21 Novembre, à sept heures & demie du

matin. Le mal de mer me prend
à dix heures, & me dure pendant
trois femaines.

27 NOVEMBRE.

Le 27 vent contraire.

« Il eft à remarquer que de-
» puis le jour de fon départ juf-
» qu'au jour de fon arrivée au Cap
» de Bonne-Efpérance, M. l'Ab-
» bé de la Caille a obfervé jour par
» jour les latitudes & longitudes
» en mer, & les 2 inférées dans
» fon Journal. Nous avons crû
» devoir en fupprimer ici le dé-
» tail, parce qu'elles fe retrou-
» vent ailleurs. Nous rapporte-
» rons jour par jour les autres
» faits. Il a obfervé les mêmes
» latitudes & longitudes depuis
» fon départ du Cap jufqu'à fon
» retour à l'Orient. »

2 DÉCEMBRE.

Pendant la nuit du 1 au 2,

nous reſtons à la cape , (a) de
peur de tomber ſur le Porto-San-
to.

« Porto - Santo eſt une Iſle
» d'Afrique dans l'Océan occi-
» dental. Cette Iſle eſt à trois
» lieues de Madere , & en a huit
» ou neuf de circuit. On n'y trou-
» ve que quelques Bourgs & quel-
» ques Villages qui relevent de
» la Couronne de Portugal. Elle
» fut découverte l'an 1418 , par
» Jean Gonzalve Zarlo , & par
» Jean Triſtan Vaz, Portugais. »

4.

Pendant la nuit du 3 au 4 nous
avons remis à la cape , de peur
de tomber ſur les Salvages.

« Les Salvages ſont deux pe-
» tites Iſles, dont l'une étoit an-

(a) *Mettre à la cape*, c'eſt réduire le Vaiſſeau à ſes baſſes voiles, & plier toutes les autres. On met quelquefois à la cape avec la
grande voile ſeule , ou avec le timon ſeul.

» ciennement appellée *Heras* ,
» & l'autre *Antolola*. Elles font
» entre l'Ifle de Madere & les
» Canaries. Elles n'ont point
» d'habitans ; mais elles nourrif-
» fent une fi grande quantité de
» ces petits oifeaux , qu'on nom-
» mé Serins ou Canaries , que
» ceux qui vont y en prendre ,
» peuvent à peine marcher fans
» écrafer quelques-uns de leurs
» œufs. *Salvages* fe dit pour Sau-
» vages. »

Pendant une partie de la nuit
du 4 au 5 , nous reftons encore à
la cape , de crainte des Ifles Canaries. Nous n'en avons vû aucune , & la longitude eftimée paroît trop petite , en forte qu'il faut
que nous ayons paffé à l'Oueft.

12.

Nous allons à l'Oueft pour reconnoître Saint Yago.

« Saint Yago, ou Saint Jac-

» ques, eſt l'Iſle principale & la
» plus habitée de toutes celles du
» Cap-Verd , quoiqu'elle ſoit
» montueuſe & ſtérile en divers
» endroits. A l'Orient de cette
» Iſle , dont le Gouverneur eſt le
» chef de toutes les autres , il y a
» un bon Port où les Vaiſſeaux
» ont accoutumé de relâcher
» pour prendre de l'eau & des
» rafraîchiſſemens , ſur-tout les
» François , Anglois & Hollan-
» dois: les Anglois pour la Gui-
» née , les Hollandois pour Suri-
» nam , & les Portugais pour le
» Bréſil , ce qui ſe fait d'ordinaire
» au mois de Septembre ; mais il
» y en a peu qui paſſent par-là
» en revenant en Europe. Quand
» il y a des Vaiſſeaux au Port,
» les gens de la campagne appor-
» tent leurs Marchandiſes pour
» les vendre aux Matelots & aux
» Paſſagers: Ces Marchandiſes
» ſont des Cochons , des Ché-

» vres , de jeunes Taureaux ;
» de la Volaille, des œufs , des
» Plantains & des Noix de Ca-
» cao qu'ils troquent pour des
» chemiſes , des caleçons , des
» mouchoirs , des chapeaux , des
» chemiſettes , des hauts - de-
» chauſſes , & autres habillemens
» de toile , principalement de fil,
» car la laine y eſt fort peu eſti-
» mée. Les habitans de Saint Ya-
» go ſont de grands larrons, &
» s'ils trouvent l'occaſion de met-
» tre la main ſur quelque choſe ,
» ils s'en ſaiſiſſent & prennent la
» fuite. Il y a deux grandes Vil-
» les dans cette Iſle , quelques pe-
» tits Villages , & grand nombre
» d'habitans , & il s'y fait quan-
» tité de vins de la qualité de ce-
» lui de l'Iſle Saint Nicolas. »

13.

Pendant la nuit le tems fut
aſſez beau ; nous nous diſpoſâ-

mes à obſerver l'Eclipſe de Lune.
M. Daprès obſerva avec ſon Quartier Anglois les diſtances de l'ho-
riſon de la mer à Syrius aux momens marqués à ma montre à ſe-
condes,

1751, 5 JANVIER.

Les calmes nous quittent enfin, le vent fraîchit un peu à l'Eſt
& à l'Eſt-Sud-Eſt.

6.

Nous paſſons la Ligne ſur les
huit heures du matin.

« Suivent diverſes obſervations
» aſtronomiques des longitudes,
» &c. ſur l'inclinaiſon de l'Aiguil-
» le aimantée, inſérée dans les
» Mémoires de l'Académie 1754,
» page 97.) »

Il paroît par ces longitudes &
par celles de Rio-Janéiro, que
nous nous eſtimions moins à
l'Oueſt que nous n'étions réellement. De même étant vers les

Ifles du Cap-Verd , nous nous ef-
timions beaucoup moins à l'Oueft
que nous n'étions. Il faut que
nous ayons été portés à l'Oueft
plus de fix degrés au-delà de notre eftime.

    « Le Cap-Verd eft fitué vers
» le 14ᵉ degré 43 minut. latitud.
» Nord , longitude 1 degré 30
» minutes environ. Ce Cap fut
» ainfi nommé par les Portugais,
» parce qu'ils y trouverent de la
» verdure. »

23.

Nous avons vûe des deux montagnes qui forment l'Ifle qui eft à
la pointe du Cap-Friou, à fept heures du matin, Nous étions Nord
& Sud de la pointe la plus avan-
cée de cette Ifle, à une heure &
demie. Le foir on commence à
courir bord fur bord pour attendre à entrer demain. Mais le
vent violent de la nuit , & la dif-

tance du Cap-Friou à Rio-Janéiro, qui nous eft inconnue, font
qu'au matin nous nous trouvons
fort éloignés de l'entrée de Rio-
Janéiro.

24.

Calme après-midi. A la faveur
de la *brife de mer* (a), nous nous
rapprochons de Rio - Janéiro.
Nous mouillons le foir à une
lieue & demie.

25.

Le 25 à quatre heures du foir,
nous entrons dans la baye, &
nous mouillons près de l'Ifle des
Couleuvres. Mais il ne nous eft
pas poffible de mettre pied à terre
qu'après que toutes les forma-
lités ont été obfervées. Les Por-

_____

(a) *Brife de mer*, petits vents alifés qui
viennent de terre fur le foir, & qui ne font
guéres fenfibles qu'aux Bâtimens qui rangent
la côte.

tugais font extrêmement attentifs à fermer aux étrangers tout
commerce au Bréfil. Auffi dès le
moment de notre entrée dans la
baye, un Capitaine, un Sergent
& huit Soldats de la garnifon,
vinrent à bord de notre Vaiffeau,
& ils ne le quitterent qu'après
que nous fûmes fortis de la baye.
Outre cela nous étions gardés
par trois efcouades difperfées
dans des Canots qui entouroient
le Vaiffeau.

26.

Le 26 les Officiers de Juftice
vinrent de la part du Gouverneur
nous demander ce que nous venions faire : ils nous déclarerent
que le Vaiffeau feroit confifqué,
au cas que nos raifons ne fuffent
pas valables. Nous dîmes que
nous venions pour faire caréner
un petit Bâtiment qui étoit fous
notre convoi, & qui n'avoit pu
entrer avec nous.　　　　27.

27.

M. Loidor , qui eſt comme le Fiſcal ou le Procureur du Roi de la Ville , vint examiner nos raiſons ; il étoit accompagné d'un Médecin pour viſiter les malades.

Enfin le 28 M. le Général permit aux Officiers & aux Paſſagers de deſcendre à terre ; mais nous ne pûmes rien emporter du Vaiſſeau qu'avec des billets par écrit pour chaque choſe dont nous avions beſoin ; & l'on empêchoit abſolument toutes ſortes de perſonnes d'approcher de notre Vaiſſeau. Heureuſement pour nous, M. Godin ſe trouva à Rio-Janéiro ; il nous fut d'un grand ſecours auprès du Gouverneur ; il nous venoit voir , & reſtoit avec nous preſque tout le jour , & il obtenoit les permiſſions & billets dont nous avions beſoin.

F

Le premier Février 1751, nous tranſportâmes à terre nos inſtrumens. Nous fûmes nous loger dans la rue du Rozaire, qui va de l'ancienne Cathédrale, préſentement l'Egliſe des Noirs, juſqu'à la mer ; nous étions vers le milieu de la rue.

DESCRIPTION

DE RIO-JANÉIRO,

Rio-Janéiro eſt une Ville à préſent fort conſidérable. Le nombre de ſes habitans, y compris les Négres, eſt d'environ cinquante mille. Les rues y ſont aſſez belles, preſque toutes tirées au cordeau, la plûpart des maiſons aſſez bien bâties, avec de la pierre de taille & de la brique. Les portes & les fenêtres ſont couvertes de jalouſies. Les maifons ont communément deux étages, plufieurs en ont trois; elles font toutes couvertes de tuiles.

Les Eglifes y font affez belles, quoique vaftes & peu élevées: prefque tout l'intérieur eft en fculpture de frifes dorées d'or moulu; mais ces frifes font fi multipliées, qu'on n'y apperçoit prefqu'aucun deffein: elles ne font la plûpart éclairées que par une large fenêtre qui eft au-def-fus de la porte, c'eft pourquoi elles font obfcures. Les murs des côtés intérieurs font garnis d'au-tels d'efpace en efpace, fermés en devant par une fimple baluf-trade. Les principales Eglifes font la Cathédrale, qui n'eft pas en-core achevée, celles des Jéfuites, des Carmes, des Bénédictins, de Saint Antoine & de la Pa-roiffe.

Prefque tous les carrefours font

ornés d'une niche où eſt renfermée une ſtatue de la Sainte Vierge, devant laquelle une lanterne eſt allumée pendant toute la nuit. Cette niche eſt dorée, fermée de glaces & d'un beau rideau, le tout couvert par un Dais d'aſſez bon goût, & entouré de petit *ex voto*. C'eſt-là que le peuple ſe raſſemble tous les ſoirs pour chanter le Rozaire.

La Ville eſt ornée d'une fort belle place en face du Port, au milieu de laquelle on conſtruiſoit une belle Fontaine, dont l'eau devoit être fournie par un bel Aqueduc, ſoutenu ſur des arcades que l'on découvre avant d'arriver à la Ville.

Le Port & la Ville ſont défendus par ſept Forts, ſçavoir ceux de Sainte Croix & de Saint Jean, à l'entrée de la Baye; ceux de Villegagnon & de Saint Dominique vers le milieu; celui de l'Iſle aux Couleuvres, qui couvre le milieu du Port & de la Ville; enfin ceux des Bénédictins & de Saint Jacques, qui ſont à chaque extrêmité de la Ville & du Port.

La Baye eſt d'une vaſte étendue, & d'un fond excellent : elle eſt toute entourée de très hautes montagnes couvertes de bois. L'on trouve un grand nombre d'habitations tout autour de cette Baye, auſſi-bien que dans les vallées de ces montagnes , & dans le grand nombre d'Iſles dont la Baye eſt remplie.

Le terrein, quoique ſablonneux, eſt extrêmement fertile, à cauſe des pluyes preſque journalieres , & de la chaleur du climat. Les Orangers & Citroniers y ſont fort communs, & leurs fruits s'y donnent preſque pour rien. Il y a auſſi beaucoup de Bananiers, Gouyaviers , Acajous , Manguiers , Cocotiers, &c.

F iij

La nourriture de la plûpart des habitans eſt la farine de Manioc & le Poiſſon. Le commerce eſt l'or & les pierreries.

Les Blancs ſont habillés de drap. Le commun des habitans porte une veſte & un ample manteau, dont ils ſe couvrent tout le corps, & même le viſage ; il y en a qui ont un chaperon de la même étoffe pour ſe couvrir la tête, de ſorte qu'on ne peut ſouvent reconnoître la perſonne qui paſſe, ſi ce n'eſt à ſa démarche & à la couleur, ou à la façon de ſon manteau.

Les Officiers de Juſtice ſe font diſtinguer par une canne, ou par un cerceau de rotin que les principaux portent à leur bras gauche au-deſſus du coude : les Officiers ſubalternes le portent attaché à la boutonniere de la poche gauche de leur habit.

Les Officiers Militaires qui

font en deuil portent feulement une écharpe de crêpe noir liée à leur bras gauche.

Les Docteurs en Théologie, Droit & Médecine, portent ordinairement des lunettes fur le nez, pour fe faire refpecter des paífans.

Les efclaves font la plûpart galleux. Les hommes vont nuds, à l'exception d'une culotte, & quelquefois d'un fimple pagne, fur-tout lorfqu'ils font employés à ramer dans la rade. Quelques-uns ont cependant une chemife & une vefte. Lorfqu'ils font devenus libres, ils portent l'habit & le manteau de drap comme les Blancs.

Les femmes font habillées d'une jupe & d'une chemife, dont le haut eft ouvert pardevant, mais lié par le collet, à peu près comme font nos chemifes d'homme. Elles n'ofent paroître de jour dans les rues. Elles vont à la Meffe dès trois ou quatre heures du matin, les Dimanches & les Fêtes feulement. Quelques-unes ont la liberté d'aller le foir au chant du Rozaire. Quand elles fortent, elles mettent un grand pagne. C'eft une efpece d'étoffe de laine d'environ deux aunes de long fur une de large. On l'ajufte de maniere que la diagonale fe trouve au milieu du dos; un des angles pend à peu près comme le coqueluchon des Carmes & des Auguftins; l'angle oppofé fert à affubler la tête, & les deux autres couvrent les épaules & les bras, & viennent fe croifer fur la poitrine. Cet habit eft fort incommode; il faut à tout moment le rajufter, tantôt fur la tête, tantôt fur les bras. Il y en a pourtant qui ont la tête entourée d'une piece de toile fine, ou d'un mouchoir des Indes. Les

Négreſſes portent un chapeau
noir pour ſe garantir du Soleil
dans les rues & à la campagne.

Un mari ne va jamais avec ſa
femme dans la rue ; il la précede
de quelques pas, ayant l'épée nue
ſous le bras ou ſous ſon manteau.
La femme peut être accompagnée de quelques parentes ou
amies, & elle eſt ſuivie de pluſieurs eſclaves Négreſſes ou Meſ-
tiches, qui vont à la file les unes
après les autres, & qui ſont habillées en robe, & coëffées d'un
mouchoir ou d'une piece de mouſ-
ſeline : elles ſe font accompagner
de même lorſqu'elles vont dans
une chaiſe à porteur, ou dans
un hamac. La femme d'un Tail-
leur de pierre que nous avions à
bord, s'étant aviſée d'aller à terre
pour voir la Ville, y fut pourſui-
vie & huée par les Négres &
Négreſſes.

Il y a très peu de ſociété dans
F ʋ

cette Ville ; cela n'empêche pas
que la débauche n'y foit fort
grande. Les Ecclésiaftiques & les
Moines, admis fans choix à leur
état, donnent dans des excès de
déréglement & de fuperftition.

Il y a une forte de Pénitens
laïcs qui vont pendant la nuit
dans les rues chargés d'une croix
pefante, & traînant une groffe
chaîne qui fait un grand bruit.
Leur conduite eft auffi fcanda-
leufe pendant le jour, qu'elle eft
édifiante pendant la nuit. Mon
fommeil a été fouvent interrompu par le bruit de leurs chaînes,
& par les cris qu'ils pouffoient en
demandant miféricorde.

Le meurtre y eft fort commun,
& prefque toujours impuni. L'on
nous dit que cela devoit changer
dans la fuite, parce que le Roi
de Portugal venoit d'établir une
Audience qui auroit droit de condamner à mort, au lieu qu'aupa-

ravant il falloit porter les Procès criminels à la Baye de tous les Saints, où le condamné pouvoit appeller. La flotte qui portoit les Membres de cette Audience entroit dans le Port de Rio-Ja-néiro lorfque nous en fortions.

Le Gouverneur, qu'on appelle ici le Général, nous donna à dîner à M. Daprès & à moi. Le repas étoit prefque tout en poif-fon. On nous donna des ferviet-tes fort petites, quarrées, & fa-les, ou qui avoient déja fervi. C'eft cependant un Seigneur fort riche, qui fe pique de beaucoup de fçavoir vivre. Je dînai un au-tre jour avec prefque tous les Officiers & paffagers du Vaiffeau chez un habitant nommé M. Paul Vincent, Hollandois d'ori-gine, qui demeure à fix cens pas hors de la Ville. On nous don-na des ferviettes blanches. Le re-pas étoit magnifique. L'on nous

fervit quantité de différens poiffons. À la fin du repas il nous fit
la galanterie d'amener fa femme
pour donner le Caffé ; elle étoit
habillée d'un taffetas couleur de
rofe, la tête nue & rafée. C'é-
toit un extraordinaire ; car les
femmes dans ce pays-là ne paroiffent jamais dans un repas où
il fe trouve quelque ami de la
maifon, à moins que ce ne foit
un proche parent. Mais M. Vincent, qui aime beaucoup les
François, paffa par-deffus les
ufages en notre faveur; fa femme même nous accompagna à
la promenade, portée dans un
hamac.

Fin de la Defcription.

SUITE
DU JOURNAL.

FÉVRIER 1751.

LE tems eſt pluvieux & couvert pendant les trois premiers jours de Février. (3 , 4 , 5 , 6 Obſer-vations diverſes).

6.

Hier & aujourd'hui , quoique la chaleur ait été fort grande , ſelon les gens du pays , le Ther-mometre n'a pas monté juſqu'à 15 degrés & demi.

13.

Le tems ſe couvre , il pleut tout le ſoir & les jours ſuivans. Nous reſtons à terre avec les inſ-trumens juſqu'au 21 , ayant eſ-

péré pouvoir obferver l'émer-
fion du premier Satellite qui devoit arriver le 20. Le mauvais
tems continuant, nous allâmes
tous coucher à bord le 21. M. le
Général nous fait attendre le 22,
afin de nous donner des Lettres
pour Goa.

23 & 24.

Nous appareillons au matin
pour partir ; mais comme la marée montante nous avoit rechaflé
vers le milieu de la Baye , le
vent nous manqua avant que
nous euflions pû dépaffer les Forts
de l'entrée du Port. C'eft pourquoi nous fûmes obligés de
mouiller à neuf heures du matin,
vis-à-vis Notre-Dame de bon
Voyage.

25.

Nous appareillons à cinq heures du matin, & la marée nous

pouſſa hors du Port avant que
d'avoir pû *abattre* (a).

12 MARS.

Tems couvert. La veille pluie
& calme ; le matin pluie. A une
heure après-midi nous eſſuyons
un coup de vent après lequel les
vents ſe rangent au Sud-Oueſt.

23.

On tua un oiſeau de mer qu'on
appelle un *Mouton*. Il peſoit onze
livres un quart. L'étendue de ſes
aîles, comptée depuis l'extrêmité
des plumes, étoit de huit pieds
quatre pouces, & depuis l'extrêmité du bec juſqu'à celle de la
queue, deux pieds onze pouces.
La couleur de ſes plumes eſt gri-
ſe vers le bout, & très-blanche
vers le tuyau où elle eſt garnie d'un
duvet très-fin ; ſes plumes ſont

(a) *Abattre*, c'eſt amener, ou ſe mettre
dans la direction du vent.

fort ferrées : il eſt blanc ſous le
ventre & ſous les aîles ; cet oiſeau
étoit femelle. Nous en avons
preſque toujours vû depuis Rio-
Janéiro.

12 AVRIL.

A huit heures & demie du matin, vûe de terre du côté de la
Baye de Saldagne, qui nous reſte
à l'Eſt.

13.

Les vents contraires conti-
nuent, le froid eſt très-ſenſible
depuis hier à midi juſques à ce
ſoir : à quatre heures nous avons
louvoyé ſans pouvoir nous mettre au vent de l'Iſle d'Aſſen, qui
n'eſt que par 33 degrés 30 minutes.

16.

Ce ſoir nous avons un calme
tout plat, le Ciel extrêmement
clair & ſerein ; je vois Vénus ſe
coucher & ſe cacher ſous l'hori-

fon de la mer. Ayant mis ma
montre à cinq heures 34 minutes,
lorfque le centre du Soleil étoit
à l'horifon de la mer, j'ai vû le
crépufcule finir très - diftincte-
ment à fix heures 53 minutes. Il
paroiffoit terminé en arc de cercle auffi réguliérement que la plus
belle Aurore boréale, & coupé
par le fegment obfcur. Je voyois,
après la fin du crépufcule, la lumiere Zodiacale étendue fur les
Conftellations du Taureau & des
Gemeaux, & qui fe confondoit
par fon extrêmité avec la Voye
Laâtée.

Pendant la nuit la rofée a été
fi abondante, qu'on eût dit le
matin qu'il y auroit eu une petite
pluye de plus d'une heure. Les
voiles étoient entiérement mouil-
lées, le pont couvert d'une boue
très-délayée, & tous les meubles
fe reffentoient de l'humidité. ·

17.

Le soir ayant réglé ma montre au coucher du Soleil, & observé de plus une hauteur de Syrius de 60 degrés 40 minutes, à six heures 38 minutes à ma montre, j'ai observé que le crépuscule étoit fini à six heures 55 minutes. Mais cette observation n'est pas si exacte que la précédente, à cause d'une petite bande de nuage qui bordoit l'horison.

18.

Une brume épaisse nous cache la terre que nous ne découvrons qu'à quatre heures du soir, à trois lieues de distance; on revire de bord, & depuis sept heures du soir jusqu'à neuf heures, il y a eu un gros tems, accompagné de pluye, & qui rend la mer extrêmement grosse & houleuse toute la nuit.

19.

Le matin très-beau tems. Etant par le travers des deux pointes qui forment l'ouverture de Hout-Baay, on a obfervé que la ligne qui les joint, déclinoit de fix degrés à l'Eft à midi, étant fort près de la pointe à la croupe du Lion. La latitude a été obfervée 33 degrés 57 minutes. Nous mouillons dans la rade du Cap à une heure, & au Soleil couché la variation a été trouvée de 19 degrés un quart au moins.

20.

Je defcens à terre à dix heures du matin : nous allons, M. Daprès & moi, rendre vifite au Gouverneur, & aux autres principaux Officiers qui nous reçoivent avec beaucoup de politeffe. M. le Gouverneur, à la vûe de mes Lettres, me dit que je puis refter

ici en toute liberté. Nous retournons coucher à bord.

21.

Le matin nous allons voir M.
le Gouverneur qui nous retient
à dîner ; l'après-midi nous allons faire quelques vifites. Nous
logeons chez M. Beftbier, Capitaine de la Cavalerie Bourgeoife, chez qui je trouve un endroît
propre pour obferver, en y fai-
fant bâtir un Obfervatoire pour
y placer mes inftrumens.

22.

Mes Caiffes viennent du bord
le matin. Je les ouvre, & monte
tous mes inftrumens pour les ar-
ranger dans une Salle de la maniere dont ils doivent l'être dans
l'Obfervatoire. M. le Gouverneur ordonne que les ouvriers
de la Compagnie Hollandoife y
travailleront inceffamment. Je

continue de mettre en place toutes les petites pieces de mes inftrumens, & je commence à les
faire nétoyer.

24.

Le Capitaine du Port, M. de
Ruyter, qui eſt l'Inſpecteur de
tous les ouvriers de la Compagnie, eſt venu voir l'emplacement & le plan de l'Obſervatoire. On y doit mettre des ouvriers
Lundi. J'ai paſſé le jour à faire
un Barometre, des Thermome-
tres à marquer, & à monter une
de mes Pendules.

3 MAI.

J'ai pris différentes dimenſions
ſur la montagne de la Table. La
montagne du Diable n'eſt pas ſéparée de celle de la Table ; c'eſt
abſolument la même, & il n'y a
qu'un fort petit fond qui en fait
la ſéparation.

Les trois montagnes font formées de couches de roches vifiblement horifontales.

II.

J'ai été promener le foir au
pied de la montagne de la Table. C'eft un efpace de plus de
400 toifes de long, & 600 en
large, tout couvert de pierres jet-
tées confufément, & qui font
comme des débris de la partie du
nord de la montagne qui fe feroit
écroulée. En effet, le 11 Novembre une groffe roche, placée à l'endroit où la montagne commence
à être efcarpée, à peu près vers
le milieu, s'éboula avec un grand
bruit, & entraîna une quantité
prodigieufe de pierres dans la vallée. Sa trace eft reftée très-long-
tems vifible du Cap, qui en eft à
une lieue. Au-delà de ces pierres, en tirant vers la Ville, les
terres font tellement imbibées

d'eau de fources, qu'on ne peut paffer à pied fec pour parvenir à la montagne. Le foir le tems s'eft couvert quelques minutes avant le paffage de ♪*m* (a) au méridien,

17.

J'ai été au Jardin de la Compagnie, qui a 996 pas de long fur 261 de large. Aujourd'hui les Maçons ont fini à l'Obfervatoire,

31 JUILLET.

J'ai mefuré la hauteur d'un Hottentot d'environ 25 ans : elle étoit de fix pieds fept pouces dix lignes, Il étoit nuds pieds & nue tête ; il arrivoit de la campagne en courant devant un chariot attelé de Bœufs pour le conduire ; il étoit gros à proportion de fa hauteur,

AOUST.

Depuis le 20 jufqu'au 30 de

(a) Ce figne fignifie le delta du Scorpion,

ce mois, j'ai été obligé de garder la chambre à caufe d'une efpece de dureté qui m'eft venue fous le jarret droit; j'ai cependant obfervé quand le Ciel a été clair.

6 SEPTEMBRE.

M. Beftbier m'a mené à une habitation qu'il occupe dans le canton appellé Groëne-Clof, à 12 lieues au nord du Cap. J'ai trouvé prefque tout le terrein propre à mefurer de longues bafes en tout fens, depuis le Cap jufqu'à la montagne appellée Blaenberg, jufques à une autre chaîne de montagnes qui fe dirige à l'Oueft-Nord-Oueft, à 7 ou 8 lieues de Blaenberg. *Voyez la Carte.*

7.

J'ai été fur une des montagnes de la premiere chaîne dont je viens de parler. Cette montagne s'appelle Kapocberg. Elle eft unie

fur

fur fon fommet, & herbue par-
tout, d'accès fort facile, & de-là
j'ai vu toute la côte de la mer,
depuis Hout-Baay jufqu'au-delà
de la Baye de Saldagne ; j'ai vu
des plaines immenfes, depuis le
pied de cette montagne jufqu'à
perte de vûe, depuis le Nord jufqu'à près de 30 degrès vers
l'Oueft : j'ai vu une montagne
fort éloignée, dont une des extrêmités étoit prefque dans le Nord,
& fort propie pour terminer la
mefure d'un degré. Depuis cette
montagne, en allant par l'Eft
vers le Sud, l'horifon eft bordé
de hautes montagnes.

Le même jour après-midi, j'ai
monté fur une montagne plus
pointue, à une lieue & demie à
l'Eft de la précédente : d'où j'ai
vu toutes les mêmes chofes que
deffus la montagne où j'avois été
le matin. J'y reçus la vifite de

cinq Babouins : (*a*) cette montagne s'appelle Contreberg.

8, 9 & 10.

Je me fuis amufé à tirer des oifeaux, & à ramaffer quelques fleurs du pays.

11.

Nous fommes revenus au Cap pendant le tems du dîner ; j'ai monté fur la montagne, dite Blaenberg occidentale, d'où j'ai vu à la fois toute la Baye de la Table, & la fauffe Baye, avec la côte, depuis Hout-Baay jufques vers la Baye de Saldagne. Je n'ai pu découvrir la montagne au Nord, fur laquelle je compte terminer la mefure du degré ; mais j'en ai vu une fort groffe, qui eft un peu plus à l'Eft, & à peu près à même diftance, ou un peu en deçà.

(*a*) Efpece de gros Singe.

15.

On m'a fait voir un Poiſſon
pris dans Hout-Baay ; il étoit
deſſéché , ſa couleur naturelle
paroît avoir été d'un bleu d'an-
guille ; il étoit ſans écaille ; ſa
longueur depuis le bout de ſa
queue juſques au bout du bec ,
étoit de ſept pouces & demi ;
celle de ſa tête de près de
deux pouces , y compris le
bec : la groſſeur de la tête d'un
pouce , à peu près comme le
corps du Poiſſon , autant qu'on
en peut juger par l'état où il eſt :
en voici un deſſein le plus exact
que j'aye pû faire. Sa queue ſe
tient horiſontale : il n'a qu'une
petite nageoire ſur le dos , &
deux au haut de la poitrine.

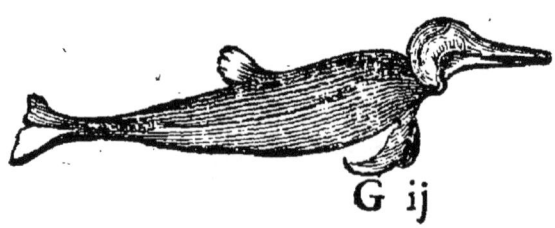

Ce que cet animal a de plus
singulier, c'est son col & sa tête
élevée , qui est une vraie tête
d'oiseau déplumée ; son bec est
en forme de triangle isoscele ,
dont l'angle est de 36 à 40 degrés : la voici à peu près vûe en
face.

La montagne de la Table ,
quoique fort escarpée, n'est pas
difficile à monter par une grande
fente qui est vers le milieu de la
montagne, un peu plus à l'Occi-
dent. J'y ai été du Cap en moins
de trois heures. Le pied jusques
au tiers à peu près de sa hauteur,
est une terre pierreuse couverte
de plantes & d'arbrisseaux ; le
reste n'est qu'un amas de pierres
placées par lits exactement hori-
sontaux , jusques au sommet ; la

fente eft fort profonde, elle com-
meuce environ aux deux cinquié-
mes de la montagne, large de
50 à 60 pas, & va en fe rétrécif-
fant à mefure que l'on approche
du fommet, en forte qu'elle n'eft
pas plus large que de cinq à fix pas.
Elle eft couverte de même, de
pierres, de terre & d'arbriffeaux
jufques au fommet. On trouve
fur le fommet plufieurs efpaces
fort unis & herbus, bien hori-
fontaux, & femblables à des
prés ; ces efpaces font féparés par
des roches, dont plufieurs font
plates & pofées de niveau, mais
la plûpart font en dos d'âne,
placées horifontalement ; fon
bord, qui eft vers le Cap, n'eft
pas en ligne droite, comme il
paroît, mais il fait un peu l'arc,
dont la concavité regarde le Cap.
Sur la platte-forme qui eft au
fommet, il y a des lits de pierres
affez élevés, qu'on ne voit pas du

Cap, de forte qu'on ne voit pas
du Cap le sommet de la montagne.

Quoique ce sommet s'étende
de l'Eſt à l'Oueſt, en déclinant
d'environ neuf degrés vers le
Nord, il y a cependant une bran-
che qui prend vers le milieu de
la montagne , & qui ſe dirige
vers le Sud-Oueſt pour ſe terminer près de Hout-Baay : on trouve de l'eau dans les creux des
rochers, & il y a vers la partie
orientale qui regarde Falſe-Baay,
une fontaine abondante d'où
coule un aſſez grand ruiſſeau : la
vûe s'étend au loin de tous côtés , excepté à l'Eſt où elle eſt
bornée par une chaîne de montagnes éloignée de 15 à 18 lieues.
On voit la mer au Sud de toutes
parts , mais on ne voit ſon hori-
ſon qu'à 22 degrés du Nord vers
l'Oueſt. J'ai reconnu facilement
la montagne que je deſtine à terminer la meſure du degré.

22 OCTOBRE.

Eſt parti un Vaiſſeau pour Middelbourg; j'y ai mis un paquet à l'adreſſe de M. le Comte de Bentinck, contenant des oiſeaux pour M. de Reaumur, des Graines & Coquilles pour M. Duhamel, & une douzaine de Lettres.

24.

Ayant examiné la Conſtellation du Navire, j'ai vu évidemment que M. Halley l'a tronquée pour faire ſon *Arbre de Charles ;* il a ſupprimé les poſitions des Etoiles qui étoient dans les anciens Catalogues, comme pour les faire paroître nouvelles ; celle du pied de l'Arbre eſt l'Etoile V. Argo de Bayer ; ces Etoiles ſont cependant celles du rocher contre lequel le Navire ſe briſe ; mais à cauſe de la grande autorité que M. Halley a juſtement

méritée, on peut concilier cette
Conftellation avec la fable , en
fuppofant un arbre fur le rocher
dont il s'agit.

Les Conftellations du Camé-
léon & du Poiffon , dont les plus
belles Etoiles font à peine de la
quatriéme grandeur , font au
pied du Chêne de M. Halley :
eft - il vraifemblable que ceux
qui ont formé les nouvelles Conftellations voifines du Pôle auftral , n'ayent pas pris garde à des
Etoiles auffi brillantes que font
celles de ce Chêne , qui en contient une de la premiere grandeur , deux de la feconde , &
plufieurs de la troifiéme & quatriéme ; ou plutôt n'eft-il pas évi-
dent qu'ils les ont regardées comme appartenant vifiblement au
Navire ? (*a*) Auffi M. Halley ,
pour accréditer fa nouvelle Conf-

(*a*) M. de la Caille , dans fon plan de l'hémifphere auftral , a fupprimé la Conftellation
de M. Halley.

tellation , a-t'il employé deux
petites fupercheries, l'une de terminer le Navire à quelque diftance de fon Arbre , & de laiffer
plufieurs efpaces informes entre
lui & le Navire , afin qu'on ne
fentît pas tant la connéxion des
Etoiles de fon Arbre avec celles
du Navire ; & l'autre d'omettre
en décrivant les Etoiles de fon
Arbre, les lieux qui leur font affi-
gnés dans les anciens Catalogues, & qui les font paroître comme nouvellement découvertes.

27.

Après-midi je fuis allé à une
Maifon ou Habitation , appellée
Saxenbourg , à fix lieues de l'Eft
du Cap.

PREMIER NOVEMBRE.

J'ai été à Stellenbofch , où l'on
faifoit la revûe des Milices des
Diftricts de Stellenbofch & de
G v

Drakeſtein. Stellenboſch eſt un
Village compoſé d'une trentaine
de maiſons & d'une Egliſe. Il y
a deux rues principales, bordées
de gros Chênes qui font un om-
brage très-épais. Il y a auſſi une
riviere qui traverſe le Village.

Ce Village eſt ſitué dans un
grand vallon tout entouré de
très hautes montagnes, excepté
du côté du Sud-Oueſt, où la vûe
s'étend vers Falſe Baay ; mais
comme ces montagnes ſont à une
diſtance raiſonnable, la place paroît fort agréable.

3.

Au matin s'eſt élevé un vent
du Sud-Eſt , qui a ſoufflé vio-
lemment au Cap le ſoir & pendant la nuit ſuivante. J'ai remarqué d'abord qu'il y avoit une
ſuite de pelotons de nuages que
le vent pouſſoit dans la direction
des montagnes qui ſont depuis

l'entrée occidentale de Falſe-
Baay , juſqu'à la Montagne de la
Table où ils s'arrêtóient ; ces petits pelotons furent ſuivis de nuages un peu plus grands , mais dé-
tachés , qui vinrent s'arrêter de
même ſur la Table à quatre heures du ſoir : toutes les montagnes
étoient ſurmontées d'un amas de
nuages blancs à quelque diſtance
au-deſſus des ſommets , mais qui
ſe joignoient à ceux dont l'amas
couvroit le ſommet de la Table.
A cinq heures ces nuages paroiſ-
ſoient s'éclaircir vers le Sud , &
s'être preſque tous entaſſés ſur la
Table , qui étoit alors couverte
d'un amas de nuages fort blancs,
mais fort épais. Alors le vent
ſouffloit avec violence ſur la Ville
& dans la Rade. J'ai remarqué
pendant la nuit que ce gros nuage qui couvroit la Table , ſe
diſſipoit petit à petit , & que le
vent en portoit quelques parties

dans le Nord - Oueſt , en ſorte
qu'à deux heures du matin l'é-
páíſſeur du nuage étoit fort di-
minuée, & à quatre heures il n'en
reſtoit preſque aucun veſtige :
alors la violence du vent ceſſa,
& il ſouffla modérément le reſte
de la matinée : le Barometre étoit
toujours à vingt-huit pouces trois
lignes. J'ai encore obſervé que
le même amas de nuages ſe faiſoit auſſi ſur les montagnes de la
Hollande Hottentote , en commençant à Hanglip ; mais ces
montagnes, ne reſtent pas ſi
long-tems couvertes que la Table : tout le Ciel qui n'étoit pas
dans la direction des montagnes
étoit parfaitement ſerein.

20.

M. Grevenbrock , Secrétaire
du Conſeil de Juſtice au Cap
dans le commencement de ce ſiécle , homme extraordinaire, avoit

faiṭ quelques recherches fur les
mœurs & coutumes des Hottentots : après fa mort fes papiers furent remis à Kolbe, qui les com-
pila fans difcernement & fans
jugement , à ce que difent una-
nimement les gens d'ici les plus
fenfés , & nommément M. le
Gouverneur , M. Grand-Pré &
M. Deffin.

6 DÉCEMBRE.

J'ai vu chez M. Deffin la corne d'un Rhinoceros qui avoit 26
pouces de long, depuis fa pointe
jufqu'à fa racine exclufivement.
La racine pouvoit avoir huit à
neuf pouces. La corne du Rhinoceros eft précifément de la
même nature que celle du Bœuf.
Elle eft par fibres blanchâtres, &
s'éleve facilement en copeaux ou
éclats (*a*).

(*a*) Lorfque M. l'Abbé de la Caille écrivoit
ces chofes, on n'avoit pas encore vu de Rhi-

A la fin de ce mois & au commencement du fuivant, pluſieurs Eléphans fort gros font venus juſqu'à Bergriviere (a).

« C'eſt toujours dans le voiſi-
» nage des rivieres qu'on cher-
» che ces animaux pour leur
» donner la chaſſe : cette chaſſe
» s'exécute ainſi. Trois Cavaliers
» bien montés ſe diſpoſent à at-
» taquer la bête. Deux font en
» plaine , & un troiſiéme épie

noceros à Paris. Celui qu'on y a vu depuis , a paru ſi publiquement , & a été l'origine de tant d'obſervations , que nos remarques ſur cet animal ſeroient ſuperflues.

(a) M. de la Caille a rapporté du Cap une dent d'un jeune Eléphant , longue de trois pieds. La perſonne qui lui en avoit fait préſent, lui avoit raconté , touchant la chaſſe de cet animal , le récit qu'on place ici.

On lira dans une des remarques ſuivantes , qu'il y a dans pluſieurs plaines d'Afrique , des Taupes fort groſſes qui ſe frayent ſous le ſable des conduits dont on n'apperçoit pas les traces. Un cheval ou un homme de pied qui vient à marcher ſur ces conduits , eſt obligé de fléchir, tantôt d'un pied , tantôt de l'autre , ſouvent des deux à la fois.

» le moment où l'animal fauva-
» ge vient fe défaltérer à quelque
» fleuve voifin de la plaine. Le
» troifiéme Cavalier, qui eft d'in-
» telligence avec les deux autres,
» eft l'aggreffeur. Il attaque l'Elé-
» phant en le perçant d'un coup
» de lance, pendant qu'il boit.
» L'animal bleffé entre en cour-
» roux, & pourfuit le Cavalier,
» qui l'attire dans la plaine. L'un
» des deux autres Cavaliers s'em-
» preffe de délivrer fon compa-
» gnon, en courant fus à l'Elé-
» phant, & le perce à fon tour
» d'un nouveau coup de lance.

» L'animal oubliant le premier
» aggreffeur, pourfuit le fecond,
» & le troifiéme Cavalier, qui
» eft encore frais, court fur lui,
» & l'ayant atteint, lui décharge
» un troifiéme coup de lance. Le
» fecond Cavalier eft pareille-
» ment oublié ; l'Eléphant pour-
» fuit le troifiéme, dans le def-

» fein de décharger fur lui toute
» fa fureur : cependant il perd
» une grande quantité de fon
» fang que fa colere fait ruiffeler
» avec abondance. S'il conferve
» encore affez de force pour fur-
» vivre aux attaques , le premier
» Cavalier recommence fon ma-
» nége, & les deux autres enfuite
» jufqu'à ce que l'Eléphant tom-
» be d'épuifement.

» C'eft alors que fans aucun
» rifque on s'approche de l'ani-
» mal abattu ; on lui fcie l'ivoi-
» re , qui eft long à proportion
» de l'âge & de la force. Cette
» chaffe eft dangereufe fur les
» terreins qui ne font pas bien
» applanis. En voici une preuve.
» Trois freres Hollandois , qui
» avoient gagné des fommes im-
» menfes à ces fortes de chaffes,
» étoient fur le point de s'en re-
» tourner dans leur patrie , pour
» y jouir tranquillement des biens

» qu'ils avoient amaffés. Ils vou-
» lurent, avant de partir, exécuter
» une derniere chaffe à l'Eléphant
» pour leur plaifir ; malgré le foin
» qu'ils avoient eu de faire recher-
» cher & applanir les conduits ou
» taupinieres de la plaine où ils de-
» voient chaffer , un de ces con-
» duits échappa aux attentions
» de ceux qui avoient été char-
» gés de les rechercher.

» La chaffe commença avec
» beaucoup de fuccès. Le fecond
» aggreffeur , après avoir donné
» fon coup de lance , gagna la
» plaine. Son cheval pofant les
» deux pieds de devant fur une
» taupiniere, s'abattit, & donna
» à l'Eléphant le tems de le join-
» dre.

» L'animal en fureur faifit le
» Cavalier avec fa trompe , le
» démonte de fon cheval , & le
» couche par terre. Il prend le
» cheval avec cette même trom-

» pe , & le jette à cent pas. Il re-
» vient au Cavalier qu'il faisit de
» nouveau. Il jette cet infortuné
» Chasseur le plus haut qu'il lui
» est possible , & lui tend un de
» ses ivoires pour le recevoir.
» Le Cavalier tombant d'aussi
» haut sur cette dent, en est per-
» cé d'outre en outre , & comme
» empalé par le milieu du corps.
» L'animal sauvage eut la cons-
» tance de le tenir dans cet état
» pendant un long espace de
» tems , tourné vers les deux au-
» tres Cavaliers , & sembloit
» prendre plaisir aux cris inouïs
» que ce malheureux poussoit ».

J'ai vû aussi une tête d'Hippopotame d'une grosseur prodigieuse , & que deux hommes avoient
de la peine à porter , quoiqu'elle
fût séchée.

Thevenot fait cette description de l'*Hippopotame* , dans ses
Voyages , Partie 2. Chapitre 72.

« L'Hippopotame que j'ai vu
» étoit d'une couleur quafi tan-
» née. Il avoit le derriere tirant
» fort à celui du Buffle ; toute-
» fois fes jambes étoient plus
» courtes & groffes ; fa grandeur
» étoit femblable à celle d'un
» Chameau ; fon mufle à celui
» d'un Bœuf. Il avoit le corps
» deux fois gros comme un Bœuf,
» la tête pareille à celle d'un Che-
» val, les yeux petits ; fon encolure
» étoit fort groffe, l'oreille petite ;
» fes nazeaux fort gros, & les
» pieds très-gros & prefque ronds,
» & avec quatre doigts chacun,
» comme ceux du Crocodile ;
» une petite queue comme un
» Eléphant, & un peu ou point
» de poil fur la peau, non plus
» que l'Eléphant. Il avoit en la
» mâchoire d'en-bas quatre dents,
» groffes & longues d'un demi-
» pied, dont deux étoient cro-
» chues & groffes comme des

» cornes de Bœuf, & il y en
» avoit une à chaque côté de la
» gueule : les deux autres droi-
» tes, & de même grosseur,
» étoient entre les deux crocs,
» & avançoient en long en de-
» hors. Plusieurs disoient d'abord
» que c'étoit un Buffle marin ;
» mais j'ai reconnu avec quel-
» ques autres que c'étoit un Che-
» val marin, vu la description
» qu'en font ceux qui en ont
» écrit. Il fut amené mort au
» Caire par des Janissaires qui le
» tuerent à coups de mousquet
» en terre, où il étoit venu pour
» paître. Ils lui tirerent plusieurs
» coups sans le faire tomber ; car
» à peine la balle perçoit-elle
» toute la peau, comme j'ai re-
» marqué ; mais ils lui en tire-
» rent un qui lui donna dans la
» mâchoire, & le jetta bas ». Ce
» nom signifie un Cheval de rivie-
» re. Il a le pied fourchu comme

» le Bœuf ; le dos, les crins & la
» queue comme le Cheval, & hen-
» nit de même. Il a des dents &
» des défenses semblables à celles
» du Sanglier. Le cuir de son dos.
» résiste à toutes sortes d'armes
» lorsqu'il n'est point mouillé. »

7 JANVIER 1752.

J'ai mangé du raisin blanc de
treille assez mûr, & la même année le 23 Décembre.

17.

J'ai mangé un œuf de Pin-
guin. Ils sont plus gros à peu
près du double, & plus ronds
que les œufs de Poule : le blanc
même, lorsque l'œuf est durci,
est d'un bleu transparent, &
comme une gelée ; il est fort
bon à manger, & meilleur sans
comparaison que celui de Poule ;
mais le jaune a un goût de ma-
récage : la coque est parfaitement

blanche ; quelques - unes font bleuâtres par espaces (a).

FÉVRIER.

Pendant ce mois presque tout le monde est affligé ici de gros rhumes , & il y a aussi grand nombre de fluxions de poitrine & de catharres.

22.

La chaleur est montée à midi & demi, à 35 degrés du Thermometre à esprit de vin de M. de Réaumur.

8 AVRIL.

On a célébré au Cap le Jubilé, ou les cent ans révolus, depuis l'établissement de la Colonie Hol-

---

(a) Le Pinguin est une espece d'oiseau qui est droit sur ses pieds, qui a des aîlerons sans plumes, qui lui pendent comme des manches barrées & rayées de blanc. Il ne vole point, mais il se cantonne dans des coins sans se mêler avec les autres oiseaux. Il tient de l'homme, de l'oiseau & du poisson.

landoife au Cap. Les principaux
Officiers des Vaiffeaux François,
Anglois, Danois, ont été invi-
tés à un grand repas avec les
principaux Bourgeois du Cap, &
les Capitaines des Vaiffeaux Hollandois. À midi les batteries de
la Rade & de tous les Vaiffeaux
ont tiré le canon.

23.

J'ai trouvé fur le bord de la
mer un Poiffon qu'on y avoit
jetté; j'en avois déja vû un pa-
reil empaillé & gardé par curiofité chez M. Reinius, Capitaine
de la garnifon : celui-ci étoit
plein de vers; c'eft pourquoi je
n'ai pû l'emporter. J'ai pris exactement fa figure. Depuis la bou-

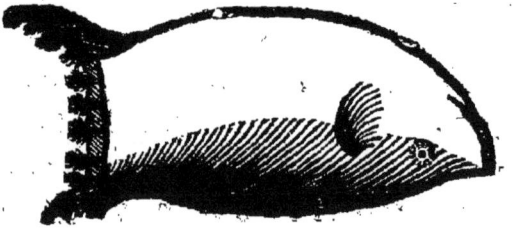

che jufques à la queue, il avoit
19 pouces & demi de long, non
compris l'efpece de cartillage qui
forme la queue. Il avoit dix pouces & demi dans fa plus grande
largeur : la largeur de fa queue
étoit de fept pouces trois quarts,
fa bouche eft verticale, il n'a que
quatre nageoires ; deux aux extrêmités de la queue, & une de
chaque côté, vers le lieu de l'ouïe
qu'il n'a pas. Sa queue eft un cartillage compofé de fibres offeufes
& affermies par des arrêtes d'efpaces en efpaces qui fe terminent
comme une plume : elle n'a pas
un pouce de large ; fa peau eft
très-dure, & femblable à de la
peau de Réquin polie : elle eft
blanche vers le ventre, & dans
toute la partie de ce deffein qui
n'eft pas ombrée, & couverte de
taches grifes dans le dos. L'épaiffeur de ce Poiffon eft de deux
pouces & demi. J'en ai vu d'autres

tres depuis, qui avoient des rayes noires partant des yeux, & courbées en arc vers le ventre : on les appelle ici des Soleils de mer.

19 MAI.

J'ai été à Drakeftein. Nous avons traverfé d'abord les montagnes du Tygre par la vallée qui eft au milieu, & qui fe dirige du Nord-Oueft au Sud-Eft, & delà nous avons été par un terrein peu inégal, jufques à Drakeftein. C'eft une vallée fort étendue en long & en large, qui fe dirige du Sud au Nord-Nord-Oueft, renfermée entre Swarteberg, qui eft à l'Oueft, & la chaîne de groffes montagnes qui va du Cap Falfe, bien loin au Nord. Cette vallée eft bordée des deux côtés d'un grand nombre d'habitations où l'on cultive principalement des vignes. Elles font toutes arrofées par des ruiffeaux qui def-

H

cendans des montagnes , vont fe
rendre à une riviere qui traverfe
la vallée par le milieu , & qui fe
nomme Berg-Riviere. Elle fuit
cette chaîne de montagnes jufques au Picquet-Berg. De-là elle
prend fon cours à l'Oueft , jufques dans la Baye Sainte Hélene.
L'Eglife eft un peu au Sud-Oueft
du milieu de la vallée : c'eft un
Bâtiment d'affez peu d'apparence. Au Sud-Sud-Eft de cette
grande vallée , il y en a une autre plus petite , enfermée entre
de hautes montagnes , qu'on appelle Franshoeck , c'eft-à-dire ,
le coin François. C'eft-là où les
Réfugiés fe font établis dans le
commencement , & y ont culti-
vé des vignes.

A l'égard de ces Réfugiés , ils
ont confervé la Langue Françoi-
fe , & l'ont apprife à leurs enfans ; mais ceux-ci obligés de parler Hollandois , tant parce qu'ils

ont affaire avec les Hollandois
& avec des Allemands qui parlent Hollandois, que parce qu'ils
font mariés ou alliés avec des
Allemands ou Hollandois, n'ont
pas appris le François à leurs enfans, de forte que n'y ayant plus
au Cap d'anciens Réfugiés de
1680 à 1690, il n'y a que leurs
enfans qui parlent François, &
qui font tous vieux. Je n'ai vu
aucune perfonne au-deffous de
40 ans qui parlât François, à
moins qu'il ne fût arrivé de France. Je ne puis pourtant pas affurer que cela foit abfolument général, mais j'ai entendu affurer à
ceux qui parlent François, que
dans 20 ans il n'y auroit perfonne
dans le Drakeftein qui le fçût
parler.

4 JUIN.

J'ai été à la Hout-Baay pour
en lever le plan, à la priere de

H ij

M. le Gouverneur. Cette Baye
n'a, à proprement parler, que 600
toiſes de large , & 700 ou 800
de profondeur. Elle eſt toute entourée de roches & de montagnes , pleine de briſans & ina-
bordable , excepté dans le fond ,
où il y a un banc de ſable , mais
c'eſt tout ce qu'un Bot (a) peut
faire que d'y échouer. Il y a
dans le vallon qui la termine ,
une fort bonne habitation appar-
tenante à M. le Seur , Miniſtre
Emérite du Cap,

21.

J'ai peſé une pierre tirée de la
veſſie d'un Cheval au Japon , je
l'ai trouvée de 3 livres 6 onces &
demie ; elle avoit plus de cinq
pouces de diametre, car j'ai trouvé ſa circonférence de ſeize pouces ; elle étoit recouverte d'une

---

(a) *Le Bot* eſt un petit Vaiſſeau ſans pont,
dont on ſe ſert aux Indes.

efpece d'écaille mince , lice &
polie, couleur blanc-bleuâtre, &
affez ronde. Elle appartient à
M. le Comte de Rantzau.

16 AOUST.

J'allai placer un fignal fur une
montagne voifine , nommée Kapocberg, (ce nom lui vient d'une
efpece d'Arbufte qui porte une
fleur qui eft une forte de ouate,
appellée Kapoc dans les Indes;
on l'y cultive pour en faire des
lits, comme font nos lits de plumes.) La place de ce fignal eft
une groffe roche appuyée d'une
plus petite vers le Nord. Cette
roche eft vers l'extrêmité occidentale du fommet de cette montagne, qui eft fort plat. Elle eft
placée en face du Cap, & en a
une autre plus groffe & moins
haute à quelques pas de-là vers le
Nord-Nord-Oueft.

H iij

11.

J'allai à cheval dans la plaine, qui eſt au nord de la montagne appellée Contre-Berg, pour chercher un terrein propre à meſurer une baſe : cette plaine eſt très-étendue, & fort unie, mais un peu embarraſſée de brouſſailles : j'ai pris pour terme Sud de la meſure, une roche qui paroît être de marbre blanc, & qui eſt ſur un petit tertre, elle eſt très-remarquable : j'ai trouvé qu'en alignant la baſe au Nord, on la pouvoit prolonger autant qu'il étoit néceſſaire.

12.

M. Beſtbier m'a mené près de Ricbek-Caſtel, chez M. Claas Waltere, dont l'habitation ſe nomme Trois-Fontaines ; nous avons dîné en paſſant à une autre, ſituée ſur une montagne, en très-belle vûe. On appelle cette habitation Keefenbofch.

13.

J'ai monté fur Riebek-Caftel, accompagné de fix Noirs, pour y faire un fignal : cette montagne eft affez haute & longue. Son fommet eft acceffible du côté du Couchant ; elle fe dirige à peu près du Nord au Sud : fa crête eft fort efcarpée du côté du Levant. Cette montagne eft fort herbue. On y trouve partout un grand nombre d'arbres affez gros, mais d'un bois fort fpongieux. J'ai placé un fignal fur la feconde pointe, en comptant depuis le Nord. J'ai fait abattre tous les arbres qui étoient aux environs. J'ai été vifiter la quatriéme pointe qui eft vers le milieu de la montagne, & qui eft la plus haute ; mais la roche qui la forme eft comme inacceffible : y ayant grimpé avec affez de peine, j'ai été très-long-tems fans pouvoir en defcendre , ni retrouver le chemin par où j'y étois monté. Cette montagne eft remplie de Babouins & de Marmottes : on dit qu'il y a encore des Chevaux fauvages, mais je n'en ai pas vu.

Quoiqu'elle foit affez aride , & qu'on n'y voye aucune fource qui forme un ruiffeau, cependant elle eft environnée de neuf ou dix habitations , dont plufieurs font fort bonnes pour la grande quantité de bled qu'on y recueille : on trouve des fources d'eau, à quelque diftance de cette montagne, qui fervent à abreuver ces habitations.

26.

On a proclamé le Général de Batavia , élu en la place du Baron d'Imhof. La Garnifon & la

Milice Bourgeoife s'étant affemblées dans le Fort, on a fait la
lecture des Lettres de nomina-
tion dans la Salle du Confeil,
en préfence des principaux Bourgeois qui ont prêté le ferment :
enfuite fur l'efcalier qui faille
dans la place du Fort, à l'entrée
du Gouvernement. La lecture
achevée, & l'acclamation faite,
on a fait trois décharges de mouf-
queteries, accompagnées chacune d'un coup de canon ; enfuite
on a tiré le canon du Fort & des
batteries : à midi on a donné
dans le Fort un grand repas aux
Officiers & principaux Bourgeois ; j'étois le feul étranger qui
y affiftât.

9 SEPTEMBRE.

Je fuis parti avec M. Beftbier
fur fon chariot pour la mefure du
degré. Nous fommes arrivés le
foir au Groenkloof, dans l'habi-

tation de Contre-Berg, après
avoir dîné dans une autre qui est
à moitié chemin.

10.

J'ai monté sur Kapocberg,
pour voir l'état du signal, & pour
désigner un endroit propre à y
faire un feu pour être vu de Picquet-Berg.

11.

Nous sommes partis de Groenkloof pour le Picquet-Berg : nous
avions deux chariots, l'un attelé
de six Chevaux, pour nous porter nos provisions & notre lit,
& l'autre attelé de dix Bœufs
pour porter les instrumens : nous
avions huit Esclaves, tant pour
conduire les chariots que pour
porter le quart de cercle sur la
montagne : nous allâmes dîner
au Nyle-Kraal, & coucher à
Schaffplaats Fonteyn, habita-

tion dont il a été parlé ci-devant.

12.

Nous sommes arrivés sur les dix heures & demie du matin à un passage de Berg, riviere qui est près de l'habitation appellée Rietkloof. Il n'y a qu'un petit canot de neuf à dix pieds de long, & de deux pieds & demi de large; la riviere y est fort profonde, quoique peu large, n'ayant guéres en cet endroit plus de soixante pas. Il nous a fallu tout décharger, faire passer nos caisses & nos paquets pieces à pieces, & ensuite lancer les chariots à l'eau, puis les en tirer avec des Bœufs : tout cela fut exécuté en deux heures & demie de tems, parce que nous avions assez de monde. Après avoir dîné à cette habitation, nous fûmes coucher à une grande heure au-delà, au lieu appellé Groën Fonteyn.

13.

Nous arrivâmes après trois heures de marche à l'habitation appellée Klip - Fonteyn , située au pied d'une montagne fans nom , adoffee au Picquet-Berg : c'eft le tems que j'ai deftiné pour être le lieu Boréal de ma mefure.

Le pays dans toute cette route eft abfolument fec , & prefque par - tout inculte , couvert de brouffailles & de hautes plantes ligneufes ; le fond eft fable & roche en quelques endroits. En général l'afpect n'en a aucun agrément , & le terrein n'y eft d'aucune valeur.

14.

Le lieu où nous couchions , M. Beftbier , moi & Poitevin , étoit un emplacement d'une grange , long de fix pieds & large de sept, séparé de celui où étoit le secteur, par une toile qui faisoit une espece de cloison : nous y avions posé les deux matelats de mon lit de camp, à côté l'un de l'autre, sur des sacs à demi remplis de paille. Au-delà de cet endroit étoit une autre petite place où couchoient les Esclaves.

En général, cette habitation, quoique fort petite, nous fournit tout ce dont nous avions besoin. Elle est située dans un coin de la grande plaine de Sable, qui est entre Berg, riviere, & le Picquet-Berg & la mer, à l'endroit où la montagne sans nom dont j'ai parlé, s'approche le plus du Picquet-Berg. Cette habitation paroît être en plaine, parce qu'on y monte presque insensiblement; mais on voit de-là toute la chaîne de montagnes qui est à l'Est du Cap, jusques au lieu appellé Hottentot Hollands Kloof, qui

eft à l'Eft-Sud-Eft du Cap. On
y voit les montagnes de Groën-
ckloof, la Table & les montagnes qui bordoient la mer. En
général, on y voit prefque tout ce
qu'on eût pû découvrir du fommet du Picquet-Berg, ou de la
montagne voifine ; c'eft pour cela que je n'ai pas placé de fignaux
fur ces montagnes pour terminer
mes triangles, mais que j'ai marqué un point pris à 36 toifes à
l'Oueft de mon Obfervatoire,
afin d'y faire des feux pour former mon dernier triangle.

Le même jour on nous amena
vivant un Bléreau puant ; il avoit
été pris par les Chiens, & traîné
derriere le chariot : je ferai ici la
defcription de l'extérieur de cet
animal, le plus exactement qu'il
me fera poffible.

Il étoit mâle, & paroiffoit
vieux. Il étoit de la taille d'un
Baffet médiocre, ayant deux pieds

jufte, depuis le bout du mufeau
jufques à la naiffance de fa queue :
fon poil long de 12 à 15 lignes,
étoit noir fous le ventre & aux
pattes. Le milieu de fon dos étoit
d'un poil gris blanc, depuis les
yeux jufques au milieu de fa
queue, dont le bout étoit noir :
deux rayes de poil blanc fépa-
roient cette bande de poil gris-
blanc, d'avec le poil noir du
ventre : elles avoien un pouce
ou un pouce & demi de large.
La tête & le mufeau de cet animal reffembloient affez à ceux
d'un Chien ; le mufeau étoit
court, un peu pointu : cet animal n'a pas d'oreilles extérieu-
res : il a deux trous oblongs, ou
fentes perpendiculaires à l'ouverture de la gueule, dans lefquels
la peau rentre. Sa queue étoit
d'environ huit pouces, les pattes
courtes, celles de devant armées
de griffes qui failloient d'un pou-

ce : celles de derriere avoient des griffes fort courtes , comme celles des Chiens. Cet animal preſſé par les Chiens , fait des veſſes extrêmement puantes, mais qui s'épuiſent à la fin. Tant que je l'ai vu vivant, il ne puoit point du tout. On acheva de le tuer une heure après qu'on l'eût amené à la maiſon ; comme cela ſe fit à mon abſence , il fut trop mal-traité pour en emporter la peau.

8 , 9 & 10 OCTOBRE.

Je ſuis reſté ſur Riebek-Caſ-tel, en attendant que la pluie diſ-ſipât les brumes. La nuit du 10 au 11 a été des plus cruelles par le vent froid violent qui tournoit toujours, par la pluie continuel-le , mêlée de grêle , en ſorte que la fumée , le froid & l'eau m'ont fort incommodé, n'ayant ni ten-te , ni couverture , ni matelats.

11 & 12.

Ce même jour M. Beſtbier, qui étoit reſté•à Drie-Fonteyn, s'en eſt retourné au Cap pour ſe préparer à l'exercice des Milices Bourgeoiſes qui commence le 15. M. Muller, Capitaine d'Artillerie, arrivé à Drie-Fonteyn le 5, pour aſſiſter à mes obſervations, vint me rendre viſite ſur Riebek-Caſtel, & s'en retourna un peu après.

13.

Beau tems tout le jour ; le ſoir un peu avant l'heure des feux, Riebek-Caſtel ſe couvre de nuages ; je deſcendis ce ſoir de la montagne, après y avoir reſté neuf jours & neuf nuits de ſuite. Comme le tems de la moiſſon des orges approchoit, j'avois réſolu de remettre à faire les feux à Picquet-Berg, après avoir meſuré la bafe, pour laquelle opération j'avois befoin de beaucoup de monde. Pendant toute la nuit il a plu fur la montagne.

17.

Nous couchâmes dans la plaine, ayant appuyé quatre bâtons fur le chariot, & mis deffus une toile pour nous garantir du ferein; nos matelats étoient à terre deffous la toile, notre tente n'étoit clofe, ni par les côtés, ni à l'endroit du chariot; c'eft ainfi que nous pafsâmes les trois nuits fuivantes.

16.

J'ai été au Rond-Bofch, invité par M. le Gouverneur : il m'a mené voir le Jardin du Nieuland, avec la Maifon de plaifance qu'il y a fait bâtir l'an paffé. J'y fuis retourné le 3 Décembre : j'ai vû un grand nombre d'Aloës de différentes efpeces qu'on cul-

tive dans le Jardin du Rond-
Bofch , par curiofité. Le Nieuland eft un grand Jardin d'où on
tire les légumes pour les rafraî-
chiffemens des Vaiffeaux de la
Compagnie. Il étoit affez en défordre quand je l'ai vu ; mais on
va travailler à le rendre un des
plus beaux des environs.

6 NOVEMBRE.

J'ai remis à M. le Gouverneur
du Cap , un Mémoire contenant
le détail de ce que j'ai fait pour
la mefure d'un degré.

Commencement du Difcours adref-
fé à M. le Gouverneur du Cap
fur la mefure du 34ᵉ degré de
latitude auftrale ; le refte de ce
Difcours eft diftribué dans les
Mémoires de l'Académie , an-
nées 1751 & 1754.

Les Sçavans qui s'intéreffent
particuliérement au progrès de

la Géographie & de la Navigation, doivent à l'Académie Royale des Sciences de Paris, la connoissance de la vraie figure &
des dimensions exactes de la terre. Dans les tems les plus reculés, on avoit fait différentes ten-
tatives pour y parvenir ; mais
faute d'une bonne méthode,
d'instrumens exacts, & d'habitude aux opérations délicates, les
Anciens, tant Grecs que Latins
& Arabes, ne nous ont rien laissé
d'approchant sur la véritable
grandeur de la terre.

Willebord Snell, Professeur de
Mathématiques à Leyde, fut le
premier qui y appliqua la vraie
méthode : malheureusement il
donna trop de confiance à la certitude générale que cette méthode a dans la théorie, & il ne se
précautionna pas assez contre les
cas où cette certitude s'échappe
dans la pratique. M. Musschen-

brock, zélé pour l'honneur de fa
Nation, réforma dans la fuite ce
qu'il y avoit de défectueux dans
l'ouvrage de Snell ; & la mefure
du degré qu'il nous a donnée,
tient rang aujourd'hui entre les
plus exactes.

Plus de cinquante ans avant
Snell, un Médecin célébre nommé Fernel, avoit trouvé, à très-
peu de chofe près, la véritable
grandeur des degrés du Méridien ; mais ce fut plutôt par un
heureux hazard, que par la précifion de fes mefures. Fernel étoit
trop éclairé pour les donner comme parfaitement exactes ; & fi
on ne les avoit pas trouvées conformes à celles qui ont été prifes
depuis avec tout le foin poffible,
elles feroient encore avec raifon
au rang des moins fûres. On en
peut dire prefque autant d'une
autre mefure faite en Angleterre
par **Norwood**, environ dans le

même tems que celle de Snell.
Norwood apporta plus de précision à ses mesures que n'avoit fait
Fernell, & dut à son exactitude
une partie de son succès : mais
avant l'application des Lunettes
& des Micrometres aux instrumens, il étoit impossible de mesurer la terre avec l'exactitude
nécessaire pour connoître ses vé-
ritables dimensions.

L'Académie Royale des Sciences a travaillé à la mesure de la
terre, depuis son établissement
jusqu'à présent. Toute l'Europe
a été informée des opérations
que ses Astronomes ont faites
sous le Cercle Polaire boréal, en
France & dans le Pérou, pour
s'assurer de l'inégalité des degrés
du Méridien : & l'on peut dire
qu'il ne manquoit plus, pour terminer la question de la figure de
la terre, que de voir, si dans l'hémisphere austral, l'inégalité avoit

lieu, & fuivoit la même loi qu'on a obfervée dans l'hémifphere boréal.

Placé dans le lieu de l'Afrique le plus près du Pôle auftral , comptant fur la protection de la Nation Hollandoife, dont j'ai été affuré par une infinité de preuves , & fur-tout par l'empreffement avec lequel M. le Gouverneur de cette Colonie m'a procuré tout ce qui pouvoit contribuer au fuccès de ma miffion , je n'ai pû me difpenfer, fuivant l'intention de l'Académie , de rechercher les moyens d'exécuter cette derniere mefure. J'ai dû profiter du bonheur de me trouver dans des circonftances fi favorables , d'autant plus qu'il femble d'ailleurs que les lieux ayent été difpofés exprès pour y faire les opérations les plus fimples , & par conféquent les plus fufceptibles de précifion......

M. Tulbagh ayant approuvé
le projet que j'eus l'honneur de
lui préfenter fur ce fujet, & ayant
nommé M. Muller , Capitaine
d'Artillerie , & Ingénieur de la
Forterefle , pour être témoin de
mes opérations , M. Beftbier ,
chez qui je demeure, m'offrit gé-
néreufement , non - feulement
l'ufage de fes chariots pour le
tranfport de mes inftrumens, &
de fes Efclaves pour m'aider ,
mais il voulut encore me conduire lui-même par-tout, pour
me fervir d'interprête , & pour-
voir à tous les befoins que j'aurois, dans les différens endroits
où il me falloit féjourner.

JANVIER 1753.

J'ai vu jouer d'un inftrument en
ufage chez les Caffres, il eft compofé de 12 planches rectangles,
longues chacune de 18 à 20 pouces. Leur largeur va en diminuant
depuis

depuis la premiere, qui a environ six pouces, jusques à la derniere, qui n'en a guéres que deux & demi. Ces planches font affemblées les unes à côté des autres fur deux triangles de bois, auxquels elles font attachées par des courroyes ; de forte que tout l'inftrument forme une efpece de Table longue de quatre pieds, & large de vingt pouces : au-deffous de chaque planche, il y a un morceau de callebaffe, qui y eft attaché, pour contribuer à la faire réfonner ; un homme porte cet inftrument devant lui, à peu près commenos femmesàParisportent leur inventaire ; il joue en battant deffus avec deux maillets de bois, dont la figure & la groffeur approchent de celles des fers de Plombiers : cet inftrument eft paffablement fonore, & avecfes douze tons, on peut y jouer un grand nombre d'airs.

I

29.

J'ai été à Conſtance : ce fameux vignoble eſt compoſé de deux habitations ; l'une ancienne & conſtruite par un des Vonderſtel , Gouverneur du Cap ; l'autre eſt plus moderne , & dans le goût des habitations ordinaires : elles ſont toutes deux dans un fond ; mais la premiere eſt plus élevée que l'autre ; elle a un peu de vûe qui donne ſur une partie de la fauſſe-baye , l'autre n'en a point du tout : elles ſont bien arroſées , & les Jardins & Vergers très-fertiles. Elles appartiennent chacune à un particulier.

4 MARS.

Le Vaiſſeau François *le Duc de Parme* , commandé par M. de la Crochay , eſt venu mouiller au Cap ; on m'a remis une Lettre de M. Trudaine , du 18 Mars 1752 , une de M. Duhamel, & une de M. Daprès. La Lettre de M. Trudaine me permet , de la part de M. le Garde des Sceaux , de faire toutes les dépenses que je jugerai convenables à l'avancement des Sciences.

8.

A six heures du matin , je suis parti du Cap sur le canot de M. de Ruyter, pour m'embarquer sur le Puisieux , pour aller aux Isles de France & de Bourbon , n'ayant pas eu de contre-ordre depuis les Lettres que j'ai reçûes le 23 Octobre : aucun de mes amis, ou de ceux qui m'ont écrit de France, ne paroît informé des ordres que j'ai reçus.

A midi on a tiré du Château, des Batteries & de tous les Vaisseaux qui étoient en rade , une salve de coups de canon pour le jour de la naissance du jeune Prince Statoudher. A midi & de-

mi nous avons appareillé & salué
de sept coups de canon, auxquels
on n'a répondu que par trois. Le
mal de mer me prend à trois heures du soir.

5 AVRIL.

Gros grains & coups de vent ;
dans la matinée la mer fort grosse
pendant long-tems : après-midi
nous voyons un grand nombre
d'oiseaux qui voltigent autour de
notre Vaisseau. Nous prenons les
uns à la main sur les corda-
ges & agrès ; nous en précipitons
d'autres à coups de bâton dans
la mer : on appelle ces oiseaux
des Goilettes, ou Querets. Le
soir on n'en voit plus.

16.

Au matin nous découvrons
l'Isle Rodrigue.

18.

Nous découvrons le matin l'Isle
Ronde, puis l'Isle de France,
& nous mouillons à 4 heures du
soir à l'entrée du Port.

DÉBARQUEMENT
A L'ISLE DE FRANCE.

Opérations exécutées dans cette Isle.

19 AVRIL 1753.

JE defcendis à terre à huit heures & demie ; je me préfentai à M. Bouvet, Gouverneur, qui me dit que M. David étoit parti le 10 Février pour la France, & qu'il devoit toucher au Cap, pour m'y prendre. Il me fait loger au Gouvernement, & donne ordre qu'on m'arrange une place pour pofer mes inftrumens ; je la prends dans la maifon de M. Mabile, où M. Daprès a obfervé l'an paffé. On y a travaillé le refte du mois, & la premiere femaine de l'autre.

I iij

13 JUILLET.

Nous fommes partis pour faire toutes nos opérations, nous avions un détachement de cinq Soldats & deux Caporaux ; de neuf Noirs ; fçavoir, cinq Malabares & quatre de Guinée : nous avions une tente, & une Pirogue pour porter nos effets, & pour nous faire traverfer les bras de mer ou Bayes profondes qui font fort communes dans cette Ifle. Nous allâmes coucher le foir chez M. de Roftaing.

19.

Nous avons employé prefque tout le jour à aller camper à la Poudre d'or : le chemin eft très-embarraffé, & coupé de trois bras de mer, dont nous avons traverfé un en Pirogue, & deux à pied, ayant de l'eau jufques à la ceinture, pendant l'efpace d'un demi-quart de lieue.

22.

Nous avons été en Pirogue au
Poſte à Fayette, où j'ai obſervé.
Enſuite nous avons été camper
une demi-lieue plus loin : après
midi on a travaillé, à traîner à
terre la Pirogue pour la faire paſſer par terre en dedans des Récifs (*a*), qui ſont contigus à la
terre dans l'eſpace d'une demi-
lieue.

23.

Le matin groſſe pluie qui mouil-
le tous nos équipages juſques dans
notre tente : après-midi on met la
Pirogue à la mer.

24.

Nous allons en Pirogue obſerver en pointe de Flacq, de-là au
Puits des Hollandois où nous
campons.

(*a*) Ces récifs ſont des écueils ou bancs de
ſable qui ſe trouvent ſur les côtes.

25.

Nous allons par terre obferver à la Baraque à farine, & de-là à la pointe des quatre Cocos, où nous campons.

26.

Nous laiffons notre camp aux quatre Cocos, & nous allons en Pirogue au grand Port pour reconnoître les montagnes qui en font voifines : nous y arrivons à onze heures & demie du matin.

27.

Nous allons fur un Canot à l'Ifle des Egrettes pour découvrir les montagnes : nous y laiffons un fignal.

28.

M. Defny va défricher le fommet de la montagne des Créoles, & y laiffer un fignal : M. Godin & moi, nous allons en Canot à

l'Ifle Marianne, & à la pointe du
Diable : nous envoyons chercher
nos équipages aux quatre Cocos.

30.

Nous fommes partis du grand
Port fur un grand Canot : nous
avons débarqué un peu au-delà
des deux Ifles des Cocos : j'ai été
obferver à la pointe des Vaques,
& de-là nous avons été camper
au-delà du bras de mer du Bou-
chon : nous laiffons notre Pirogue au grand Port.

31.

Nous fommes venus camper à
la Baraque au Gouverneur : j'ai
été obferver à la pointe du Souf-
fleur.

1 AOUST.

Nous fommes venus camper
entre la riviere du Pofte & le ruiffeau qui eft au-delà : l'après-midi
nous parcourons la Savanne pour
chercher une bafe.

I v

2.

Nous allons camper sur la riviere Dragan ; nous parcourons le reste de la Savanne pour chercher une base.

3.

J'ai été placer deux signaux pour joindre nos opérations à la base que nous devions mesurer.

4.

Nous allons camper sur le ruisseau appellé le Bain des Négresses. M. Desny, qui se trouve incommodé, va se rétablir au grand Port : après-midi nous eherchons un alignement à la base.

5.

Nous alignons la base ; mais la trouvant courte, nous remettons à demain à faire un autre alignement.

6.

Nous changeons l'alignement le matin, & l'après-midi nous mesurons environ 670 toises par un terrein assez inégal.

7.

Nous mesurons environ 1250 toises d'un terrein assez inégal, & même coupé par un bras de mer de 250 toises de large.

8.

Nous finissons la mesure, & la vérifions au cordeau. M. Desny revient du grand Port.

9.

Nous allons faire un signal, & observer sur la montagne de la Savanne. Nous y arrivons à six heures vingt minutes de marche, dans des bois fort touffus, & en suivant la crête des monta-

gnes plus baffes , qui forment
une chaîne prefque fans interrup-
tion : nous fommes obligés de
faire un grand abbatis de bois
pour un fignal ; ce qui n'a pû être
fini que le lendemain à dix heures du matin. Pendant la nuit ,
& prefque toute la matinée , il a
plu ; nous ne pûmes prefque pas
faire de feu , à caufe de l'humidité de la terre & du bois.

10.

Nous obfervons fur le midi ,
& nous retournons au Bain des
Négreffes en cinq heures de tems.

11.

La pluie eft continuelle tout
le jour : nous ne pûmes fortir de
la tente.

12.

Nous partons pour retourner
au grand Port : nous effayons en
vain d'obferver à deux fignaux ;

le tems couvert & la pluie ca-
chent les montagnes : nous allons coucher près de la riviere du
Poſte.

13.

Nous plaçons un ſignal ſur la
montagne Chaour ; le tems couvert empêche d'y obſerver. Nous
trouvons à onze heures & demie,
un Canot qui vient nous prendre
au bras de mer du Chalan. Nous
arrivons au grand Port à deux
heures & demie.

14.

Nous allons obſerver ſur la
montagne des Créoles ; M. Godin, Ingénieur de la Compagnie,
va pour affaire au petit Port.

15.

Après Vêpres nous allons en
Pirogue au pied du Bambou, à
l'habitation de la Victoire.

16.

Nous allons obferver fur le Bambou : nous envoyons notre Pirogue mettre un Drapeau aux quatre Cocos : le tems eft fort va-riable tout le jour ; mais nous eu-mes le tems de finir, & d'aller coucher à l'habitation de la Vic-toire.

17.

Nous retournons à pied au Port du Sud-Eft. La Pirogue re-vient après-midi.

18.

Nous allons obferver au Co-cotier de la pointe des deux Co-cos. Le foir M. Godin revient du petit Port.

19.

Nous partons en Canot du Port du Sud-Eft : le vent nous eft contraire, & nous arrivons

affez tard au Chalan : nous allons
cependant obferver à la montagne Chaour , •& de-là coucher à
la Baraque au Gouverneur.

20.

Nous allons obferver à la pointe de l'Arcade , & au terme
oriental de la bafe , de-là coucher
au Bain des Négreffes.

21.

Nous allons obferver au terme
occidental de la bafe , à la pointe
d'Arienbel , à celle de la Mare
aux joncs , & de-là coucher au
pofte Jacotet , où étoit la tente ,
& un Canot pour notre ufage.

22.

Nous allons camper à la Prai-
rie , qui eft au-delà du Cap Brabant , après avoir paffé ce Cap
avec beaucoup de difficulté : c'eft
un banc de roches fort élevées &

efcarpées, qui s'avance en mer, & qu'il faut néceffairement efca‑ lader.

23.

Nous allons camper au pied du Morne Brabant : je vais vifi‑ ter les plaines voifines où je trou‑ ve un affez bel efpace à mefurer.

24.

Nous alignons une bafe au pied du Morne Brabant. M. Def‑ ny va pofer un fignal fur la mon‑ tagne de la petite riviere noire, & fur le morne de la riviere noire.

25.

Nous mefurons la bafe, que nous trouvons de 1956 toifes

16.

Nous obfervons les angles aux extrêmités de la bafe.

27.

Je pars pour aller au terme occidental de la bafe de la Savanne;
le Canot me mene au-delà du
Cap Brabant, où je vais pofer un
fignal ; de-là je vais dîner au
pofte Jacotet , & coucher au
fignal occidental de cette bafe.

28.

Pluie tout le jour & toute la
nuit fuivante : dans un moment
d'intervalle je vois un fignal que
M. Defny étoit allé faire fur le
Piton de Fouge. Je vais coucher
au pofte Jacotet.

29.

Je vais obferver à la pointe du
bras de mer des Citroniers , à
celle de Saint Martin , à la pointe du Corail, & j'arrive au camp
fous le Morne Brabant , après
avoir paffé le Cap en Pirogue ,

& une partie du reste du chemin en Canot.

30.

Je vais observer au côteau de Fouge , & reviens coucher au même camp, sous le même Brabant.

31.

Nous allons camper au bras de mer du Tamarin : on nous fit passer sous une arcade de pierres où les Soldats font une espece de Baptême à ceux qui n'ont pas encore passé par-là ; nous n'arrivâmes au camp qu'après sept heures & un quart de marche par de très-mauvais chemins.

1 SEPTEMBRE.

Nous parcourons la plaine de Flique en Flaque, & nous y trouvons de quoi mesurer une base.

2.

Messieurs Godin & Desny ali-

gnent la bafe. Je retourne en Pirogue au fignal Nord de la bafe
du morne Brabant, d'où je ne
puis voir l'extrêmité de celle de
Flique en Flaque : je vais coucher au pied de la montagne de la
petite riviere noire.

3.

Meffieurs Godin & Defny me-
furent la bafe. Je vais fur la montagne de la petite riviere noire,
où j'effuye une pluie de plus de
quatre heures de fuite : le tems
s'étant un peu éclairci, j'obferve
mes angles principaux, & je def-
cends : je n'arrive hors du bois
qu'à huit heures du foir, à l'endroit où j'avois couché la nuit
précédente.

4.

Je retourne en Canot au camp
du Tamarin. Après-midi je vais
obferver aux deux bouts de la
bafe de Flique en Flaque.

5.

Je vais obferver au morne de la riviere noire, d'où j'eus bien de la peine à defcendre, à caufe que les herbes dont cette montagne eft couverte, étoient fort féches & gliffantes, & les pierres petites & roulantes : je defcens à la pointe de Corail pour y obferver, & de-là je me rends au camp du Tamarin ; le foir je vais obferver au terme auftral de la bafe.

6.

Nous allons en Canot camper à la petite riviere. Les montagnes reftent couvertes de nuages tout le jour.

7.

Nous allons obferver à la pointe des Caves, & à celle de la plaine aux fables. Après-midi à

celle de l'entrée Sud de l'anſe de
la petite riviere.

8,

Au matin nous allons obſerver à deux pointes du côté de la
riviere Belle - Iſle. Après - midi
nous allons coucher au pied de
la montagne du Corps-de garde,

9,

Nous allons obſerver le matin
ſur la montagne : en deſcendant
nous trouvons des Chevaux avec
leſquels nous retournons au Port,

17.

Nous avons été obſerver au
Pouce,

19,

Nous ſommes partis pour aller achever nos opérations inter-
rompues au coin de Mire. Nous
avons été coucher chez M. de
Roſtaing à pied,

20.

Nous avons été à cheval juſques au Trou aux Biches, de-là à pied au Cap malheureux, où nous avons trouvé notre tente & un fort Canot.

21.

Nous avons été obſerver ſur le coin de Mire ; quoiqu'il fît beau tems & belle mer, j'eus le mal de mer : nous reſtâmes quatre ou cinq heures ſur cet Iſlot, & de-là nous allâmes à notre camp : le ſoir j'obſervai au Cap malheureux.

22.

J'allai obſerver le lever du Soleil au ſignal de la Butte aux Sables ; de-là nous nous embarquâmes tous , & vînmes à la Baye du Tombeau : nous allâmes obſerver au terme occidental de nôtre premiere bafe, & coucher chez M. de Roftaing.

. 23.

J'ai été obferver au Piton de la découverte, à caufe du nouveau mât de Pavillon qu'on y a mis ; je fuis revenu à dix heures & demie à la Meffe aux Pamplemons, & de-là chez M. de Roftaing : je fuis pris d'une dyffenterie.

24.

Je vais à cheval à la montagne longue : après y avoir obfervé, je me rends au Port, fort foible ; mais la diette me rétablit en deux jours.

28.

Nous allons obferver au Pavillon de la découverte du Port. C'eft la derniere de nos ftations. (a).

(a) Le réfultat de toutes ces obfervations fe trouve dans les Mémoires de l'Académie 1754, page 118, rédigé & calculé.

Nous interrompons ici la suite de notre Journal pour donner la description de ce qui nous a paru remarquable à l'Isle de France.

Description abrégée de l'Isle de France.

L'ISLE de France, découverte d'abord par les Portugais, qui y ont vraisemblablement porté les Cerfs, les Cabrits & les Singes, qui ne font pas pour eux un gibier indifférent, a depuis été possédée par les Hollandois, sous le nom de l'Isle Maurice. Le grand nombre d'établissemens que cette Nation avoit à entretenir dans les Indes, leur fit abandonner celui-ci en 1712; & les François, qui depuis long-tems occupoient l'Isle de Bourbon, qui n'en est qu'à 35 ou 40 lieues, ne manquerent pas de s'en emparer.

Selon

Selon mon calcul, fondé fur les mefures géométriques que j'ai faites dans cette Ifle, fon contour eft de 9δ668 toifes. Je l'ai déterminé par la fomme des côtés d'un poligone circonfcrit à cette Ifle, de façon que le terrein qui fe trouvoit hors de ce poligone, fût, à très-peu de chofe près, compenfé par l'étendue des petites bayes ou anfes qui rentroient en dedans de ce même poligone. Son plus grand diametre eft à-peu-près, Nord & Sud, de 31890 toifes, & fa plus grande largeur, prife à peu près Eft & Oueft, eft de 22124 toifes. Sa figure eft ovale, ayant le fommet du Nord plus alongé, & celui du Sud plus applati. Sa furface eft de 432680 arpens, à 100 perches de 20 pieds de longueur: c'eft l'aire du poligone dont je viens de parler.

Cette Ifle a deux très-beaux
K

Ports, l'un plus petit, & situé vers le milieu de la côte de l'Ouest de l'Isle. C'est-là qu'est le principal établissement de la Compagnie des Indes, sous le nom du Port *Louis.* On n'entre dans le Port qu'en se touant ; mais on en sort toujours vent arriere. L'autre Port, appellé le Port Bourbon, est vers le milieu de la côte Est de l'Isle ; il est très-vaste, & fort sûr. On y entre vent arriere ou vent largue ; mais la sortie en est difficile, à cause des vents qui soufflant presque toujours de la partie du Sud-Est, donnent presque directement dans les deux passes, qui forment les débouchés du Port. C'étoit-là que les Hollandois s'étoient établis, & qu'ils avoient construit une espece de Fort, nommé le Fort *Frédéric-Henry* : les fondemens, & une partie des murailles subsistoient encore en 1753 ; mais on les dé-

molissoit pour y élever un fort
beau Bâtiment, destiné à loger le
Commandant du Port avec la
Garnison, & à contenir les Ma-
gasins nécessaires.

Le contour de l'Isle est en général tout de roche. Le fond de
la mer aux environs de la côte,
est couvert de Coraux, de Ma-
drepores & de Coquillages. Il y
a peu de sable véritable; ce qu'on
en trouve sur le bord de la mer,
n'est guéres que des débris de Coquillages. La côte est bordée de
récifs, sur lesquels les vagues
viennent se briser; les récifs s'é-
tendent quelquefois à plus d'une
lieue de la terre, en sorte qu'on
peut faire en sûreté une bonne
partie du tour de l'Isle dans une
simple Pirogue. Il n'y a que la
partie du Sud de l'Isle, où la
mer brise presque par tout sur la
côte même : ce qui la rend ina-
bordable, excepté dans quelques

K ij

endroits, où un Canot peut fe mettre à l'abri de la groffe mer.

La plus grande partie de l'Ifle eft couverte de montagnes, dont les plus élevées ne furpaffent guéres 400 toifes. Le Port Louis en eft entouré à demi, & du lieu du mouillage des Vaiffeaux, on voit les Bâtimens de terre comme dans un amphithéâtre. Parmi les montagnes qui le forment, on en remarque deux connues fous le nom Hollandois de *Pieterboth*, & de fa femme. La premiere eft élevée de 420 toifes au-deffus du niveau de la mer. Elle eft terminée par un Obélifque de roche nue, furmonté d'un gros rocher cubique à peu près, mais plus gros que la pointe fur laquelle il porte ; ce qui fait un effet fingulier à la vûe : auffi a-t-on donné à ce Rocher le nom de *Chapeau de Pieterboth* L'autre montagne eft plus à l'Ouest. Elle est élevée de 416 toises, & terminée par un gros rocher, qui a la figure d'un pouce élevé sur une main fermée. Aussi pour cette raison l'appelle-t-on le *Pouce*. Le Port Bourbon est de même au pied d'une chaîne de montagnes, dont la plus remarquable, appellée le Bambou, a 322 toises de hauteur. La partie du Nord - Ouest de l'Isle est sensiblement unie, & celle du Sud - Ouest, toute couverte de chaînes de montagnes de 300 à 350 toises de hauteur : la plus haute de toute en a 424. Elle est à l'embouchure d'un ruisseau appellé *petite Riviere noire*.

Le terrein de l'Isle est en général assez bon, mais il est recouvert d'une quantité prodigieuse de pierres de toute sorte de grosseurs, dont la couleur est cendrée noire. Une grande partie est criblée de trous. Elles contiennent

la plûpart beaucoup de fer, & la
furface de la terre eft couverte
de mines de ce métal. On y trouve auffi beaucoup de pierres pon-
ces, fur-tout fur la côte Nord de
l'Ifle, des laves ou efpece de laitier, de fer, des grottes profondes, & d'autres veftiges manifef-
tes de Volcan éteint.

L'Ifle de France eft prefque
toute couverte de bois. Ces bois
font affez beaux, fur-tout du côté
du Sud-Eft de l'Ifle. Ils font fort
embarraffés de Fouges & de Lia-
nes.

« Ces plantes, dont les branches
» font traînantes, comme notre
» Lierre, la Vrille, &c. fe joignant
» aux Arbriffeaux & au Mort-
» bois, rendent la plûpart des
» forêts impraticables On ne
» peut y entrer que par des dé-
» tours & des circuits que peu de
» perfonnes connoiffent.

» Ces épaiffes forêts font le re-

» fuge des Négres qui défertent
» la maifon de leurs Maîtres : on
» donne fur les lieux le nom de
» *Marons* à ces Efclaves fugitifs.
» Ils s'attroupent dans les forêts,
» & vivent de brigandages. Les
» patrouilles de l'Ifle pénétrent
» quelquefois dans ces bois ; mais
» avec beaucoup de précaution.
» Les routes y font à peine frayées,
» & font plutôt des labyrinthes
» que des chemins. Les *Marons*
» que les patrouilles peuvent join-
» dre, font punis felon les cir-
» conftances. On brûle ou l'on
» coupe les deux gros nerfs
» du jarret à ceux qui font feule-
» ment coupables de trahifon.

- » A l'égard des Négres *Marons*
» qui s'attroupent, & qui fe ré-
» pandent dans l'Ifle pour voler,
» on leur donne la chaffe com-
» me à des animaux. On leur
» tend des piéges pour les pren-
» dre vivans, & l'on tire fur

K iv

» ceux qu'on ne peut joindre.

» Ces Brigands ont dans leurs
» retraites un certain nombre de
» femmes, dont les unes les font
» venu joindre volontairement,
» par un esprit de débauche. Les
» autres ont été enlevées. Ces
» Chasseurs tirent sur les femmes
» comme sur les hommes, & les
» Soldats de l'Isle ont ordre de
» ramener mort ou vif l'homme
» ou la femme qu'ils peuvent
» joindre. Les femmes que le li-
» bertinage a conduites dans ces
» retraites, subissent des supplices
» rigoureux, pareils à ceux des
» hommes, lorsqu'on les peut
» joindre.

» Il arrive souvent aux Chaf-
» feurs & aux Soldats de n'être
» pas les maîtres de faire la dif-
» tinction des femmes coupables
» d'avec celles qui sont retenues
» dans les bois contre leur gré.
» M. l'Abbé de la Caille sauva la

» vie à une de ces dernieres avec
» beaucoup de peine.

» Il fuivoit le cours de fes opé-
» rations, accompagné de quatre
» Soldats, lorfque ceux-ci apper-
» çurent une de ces malheureu-
» fes qui longeoit une portion du
» bois. Ils alloient tirer fur la
» femme comme fur une bête;
» ce ne fut qu'à prix d'argent que
» l'Abbé de la Caille vînt à bout
» de retenir les Soldats. On prit
» cette femme, & l'on connut
» par l'événement, qu'elle avoit
» été enlevée par les *Marons*, qui
» la retenoient contre fon gré.

» C'eft ainfi que l'innocent
» porte fouvent la peine du cou-
» pable dans des rencontres où
» l'on ne peut pas le diftinguer.
» L'ufage d'aller à la chaffe des
» Négres fugitifs & brigans, com-
» me à celle des animaux fauva-
» ges, n'a rien qui puiffe choquer
» la délicateffe Européenne. Du

K v

» moment où des hommes utiles
» dans la société renoncent à leur
» état par un esprit de libertina-
» ge & de cupidité, ils se dégra-
» dent au-dessous des bêtes, &
» méritent les plus rigoureux trai-
» temens ».

Les principaux Arbres que
j'aye connus, sous les noms que
les Habitans leur donnent, sont
le *Palmiste*, le *Latanier*, le *Va-
coa*, le *Maport*, le bois *de Natte*
à grandes & à petites feuilles; ces
deux especes sont les deux plus
beaux bois rouges de l'Isle. Le
bois de *Canelle*. Ce nom ne signifie pas une espece de Cannelier,
ou approchant ; c'est un grand
arbre d'un bois assez liant & léger, le plus propre & le plus employé à la Ménuiserie. Le bois
d'*Olive*. Ce n'est pas une espece
d'Olivier ; mais la feuille a quelque rapport de figure avec celle
de l'Olivier. Le bois *de Lait*,

ainſi appellé d'une liqueur blanche
& gluante qui en ſort quand on
le caſſe ſur pied ; le *Colophone*, d'u-
ne raiſine qui en diſtille, mais qui
n'eſt pas celle qu'on appelle proprement *Colophone*. C'eſt au reſte
un des plus gros & des plus hauts
arbres de l'Iſle. Le *Benjoin*, gros
arbre qui n'a aucun rapport avec
le Benjoin des Iſles de la Sonde
& des Moluques, mais ainſi appellé, au lieu de Bienjoin, parce que c'eſt le bois le plus liant
du pays. Il ne s'éclate jamais, il
eſt excellent pour le Charronna-
ge. Le faux *Tacamaca*, le bois
de *Ronde*, l'*Ebene*, qui eſt de
trois ſortes ; ſçavoir, l'Ebene
blanc, l'Ebene noir, & l'Ebene
veiné de noir & de blanc. Le
Bois puant, qui eſt très-propre
pour la Charpente ; le *Citronier
aigre*, l'Arbre de *Fougere*, le
Manglier & le *Veloutier*.

   L'Iſle de France eſt arroſée de

plus de foixante ruiffeaux. Ils font fort près les uns des autres dans la partie méridionale de l'Ifle. Il y en a même de fort confidérables, que leur largeur & leur profondeur rendent difficiles à paffer. Le milieu de l'Ifle eft rempli d'étangs d'eau douce, qui font la fource de la plûpart de ces ruiffeaux. La côte du Nord-Eft & du Nord-Oueft de l'Ifle, eft fans eau ; on n'y rencontre guéres que des mares d'eau falée. Dans les ruiffeaux de l'Ifle de France, on pêche des *Chevrettes* toutes femblables à celles qui nous viennent des côtes de Normandie, des *Anguilles*, des *Cabots*, des Poiffons qu'on appelle *Carpes de riviere*, quoiqu'elles ne reffemblent guéres à nos Carpes que par le goût, & des Mulets d'eau douce.

Dans les mares & dans les grands trous remplis d'eau, qui fe trouvent dans les lits des rivieres, on pêche *des Lubines* & des *Anguilles*, qui ont quelquefois cinq à six pouces d'épaisseur, & quatre à cinq pieds de long. Elles font fort voraces. Elles entraînent même assez souvent au fond de l'eau ceux qui ont l'imprudence de se baigner dans ces trous ou dans ces mares.

Je ne puis entrer dans quelque détail sur les Poissons de mer que l'on prend sur la côte, parce que la plûpart ne font connus des habitans que sous des noms qu'ils leur ont donnés. Je dirai seulement que le *Requin*, la grosse Raye, le Diable de mer, font ceux des Poissons connus qui fréquentent le plus la côte. On y trouve souvent de grosses Tortues de mer & du Lamentin, poisson qui se prend ordinairement de la même maniere que la Baleine, en le harponnant. Il y

a beaucoup d'Huîtres à l'Iſle de
France ; mais les Coquilles en
ſont ſi baroques , qu'on ne peut
les ouvrir qu'à coups de marteau.
Le Poiſſon le plus délicat que j'y
aye mangé , eſt une eſpece de
Turbotin appellé *Poule d'eau* ; il
a du moins la figure & le goût du
Turbotin ; mais la couleur de ſa
chair eſt verte , ſa graiſſe eſt
auſſi verte , légere , & d'une dé-
licateſſe admirable.

Les animaux qu'on trouve dans
l'Iſle de France , ſont des Cerfs ,
ſemblables en tout aux nôtres ,
mais dont la chair eſt excellente
pendant les mois d'Avril , Mai ,
Juin , Juillet & Août ; des Cabrits & des Cochons ſauvages ;
ces derniers ſont rarement bons
à manger. On y trouve des Liévres , une grande quantité de
Singes, qui font beaucoup de dé-
gât dans les champs de Maïs, &
dans les autres plantations ; des

Rats & des Souris, qui font tant
de ravage dans les bleds, qu'il
faut quelquefois renoncer à les
moiſſonner ; auſſi dans la plûpart
des habitations bien tenues, les
champs de bleds ſont entourés
de piéges de ſix pas en ſix pas ; le
ſoin de les viſiter & de les redreſ-
ſer tous les jours, donne aſſez
d'occupation pour la journée d'un
Noir.

Les oiſeaux les plus ordinaires
ſont les *Frégates*, les *Foux* ou
Fouquets, les *Corbigeaux*, les
Goilans, les *Flamans*, les *Allouettes de mer*, les *Pailles en cul* de
deux ſortes ; l'une dont le bec,
les pattes & les pailles ſont rouges, & l'autre dont le bec, les
pattes & les pailles ſont blanches :
des Perroquets de quatre ſortes ;
ſçavoir, les *Amazones*, qui ſont
la plus groſſe & la plus belle eſpece : les Perroquets gris & les
Perruches vertes, grandes & pe-

tites. On mange de toutes ces
efpeces de Perroquets. On trouve dans les bois des Pintades,
une efpece de Merle, des Ra-
miers de deux fortes, dont l'une
eft un manger très-délicat, mais
fort pernicieux. Une efpece d'E-
pervier, qu'on appelle *Mangeur*
de Poule, après lequel les petits
oifeaux s'attroupent. Il y a peu de
ces petits oifeaux. Ils font femblables à nos Linottes & à nos
Mefanges. On y trouve encore
quelques *Bengalis*, qui font des
petits oifeaux qui ont des plumes
d'un rouge vif à la tête & aux
environs du cou, & les aîles, le
ventre & la queue couvertes de
plumes d'un beau gris de perle un
peu foncé & moucheté. Dans les
plaines on trouve trois fortes de
Perdrix, dont le goût eft affez
femblable à celui des Perdrix grifes d'Europe, mais le chant n'y
a aucun rapport. Le cri du mâle

d'une espece, ressemble à celui
d'un Coq un peu enroué. On
trouve enfin deux especes de
Chauve-Souris: l'une plus petite,
& la même que celle qu'on a en
France, & l'autre beaucoup plus
grosse, & de la taille d'un Chat
de deux mois, fort grasses dans
les mois d'Avril, Mai, Juin,
Juillet & Août, & qu'on met au
pot comme y met une volaille
pour donner de la graisse & du
goût au bouillon. Les insectes les
plus incommodes & les plus communs sont des nuées de Saute-
relles, les Chenilles; les Carias,
qui détruisent les plus gros arbres
dans les bois, les poutres &
les solives des bâtimens; les Fourmis, dont les maisons sont pleines, les Cancrelas de trois especes, les Grillons, les Cousins ou
Maringouins, qui sont un peu
plus gros que les nôtres, & dont
les jambes sont nuancées de gris

& de blanc. Ils font extrêmement incommodes, fur-tout pendant la nuit ; les Scorpions & les
Millepieds ; les maifons en font
remplies, fur-tout dans les bas
qui font maçonnés & un peu hu-
mides ; les Mouches communes,
les groffes Guêpes, dont la pi-
quure eft très-douloureufe, &
plus difficile à guérir que celle du
Scorpion, des Araignées, &c.
On trouve auffi beaucoup de For-
micaléons dans les bois. J'ai vu
dans les Jardins l'efpece de De-
moifelle connue au Cap fous le
nom du *Dieu des Hottentots*, fur
le compte duquel les Voyageurs
ont débité bien des fables.

Il n'y a pas de Serpens dans
l'Ifle de France ; on prétend qu'ils
ne peuvent y vivre, & que dans
les Iflots voifins, appellés l'*Ifle
ronde*, l'Ifle longue, le Coin de
Mire, on trouve beaucoup de
Couleuvres & de Serpens. Je

n'affurerai pas le fait ; ce que je fçais, c'est que fur l'Iſlot, appellé le *Coin de Mire*, j'ai vu des Lézards longs d'un pied, & gros d'un bon pouce, & qu'à l'Iſle de France je n'en ai vu que de très-petits courir ſur les murailles & ſur les pierres, de même qu'on les voit en France.

Je ne dirai rien des plantes de l'Iſle de France, n'ayant pas aſſez de connoiſſance dans la Botaniques. Je ferai remarquer ſeulement qu'on y a apporté pour former des pâturages dans les défrichés, une plante qu'on appelle dans le pays la *Squine*. Elle croît d'elle-même auſſi dru & auſſi haut que nos plus beaux ſeigles. Elle vient dans les bois un peu éclaircis, & dans les défrichés incultes. Elle étouffe toutes les autres plantes, qu'elle ſurpaſſe par ſa hauteur. Elle ſéche ſur la fin d'Août, & dans le mois de Sep-

tembre. Alors les Noirs y mettent le feu, qui fe répand en un
inftant fort loin à la ronde, en-
forte que les montagnes font de
jour couvertes de fumée, & la
nuit tout en feu; ce qui fait périr
les arbres qui ont été chauffés
deux ou trois fois de la forte.
Auffi les bois font-ils tout dégra-
dés dans la partie du Sud-Oueft
de cette Ifle, où cette plante fe
trouve établie. Elle gagne tous
les jours du terrein, & elle me-
nace de ruiner entiérement les
bois de cette Ifle avant la fin de
ce fiécle.

La dixiéme partie de l'Ifle, ou
à-peu-près, eft défrichée & cul-
tivée; on y feme du froment, de
l'orge, de l'avoine, du riz, du
maïs & du millet. Une partie des
terres eft en manioc pour nour-
rir les Noirs. On fait en quelques
endroits du fucre & du fort beau
coton. On ne peut labourer les

terres à caufe des pierres. On les
façonne à coups de pioches, &
l'on jette quelques grains dans
chaque trou formé par la pioche.
Dès qu'un champ eft moiffonné,
on y plante fouvent un autre
grain. Les nouveaux défrichés
font affez fertiles; mais on les
fait trop travailler. Les grands
abattis de bois qu'on a faits pour
établir certains quartiers, les ont
rendus fujets à des féchereffes
qui changent les terres en pouf-
fiere, entretiennent les infectes
& les fourmis

On cultive dans les Jardins avec
affez de fuccès la plûpart de nos
légumes d'Europe, dont on fait
venir les graines de France, du
Cap & de l'Ifle de Bourbon. On
y a peu de fruits; les plus communs font les Pêches, qui ne
font pas fondantes, les Bananes,
les Ananas, les Papayes, les
Athes, les Gouyaves. Il n'y a

prefque pas d'Oranges douces, ni
de Citrons doux, ni de Magnes,
ni de Cocos. Les Pommiers,
Poiriers, Noyers, Pruniers, n'y
peuvent réuflir. On y mange peu
de bons Melons, mais beaucoup
de Melons d'eau.

Peu d'habitans ont des troupeaux. Il n'y a guéres que le Cabrit & le Cochon d'Europe &
de l'Inde qu'on nourrifle facilement. Les Moutons y font fort
rares, & d'une mauvaife venue.
On y trouve quelques troupeaux
de Bœufs & de Vaches venus de
Madagafcar. Les Vaches ame-
nées ou originaires de Madagafcar, rendent très-peu de lait.
Celles qui viennent de France
s'y vendent trois fois plus cher,
parce qu'elles en rendent plus
abondamment.

Cette difette de beftiaux eft
caufe qu'il n'y a pas de Boucherie dans l'Ifle. On envoye tous

les ans deux ou trois Bateaux à
l'Ifle Rodrigue, qui eft à cent
lieues à l'Eft de l'Ifle de France,
pour en rapporter fept ou huit
milliers de Tortues de terre, &
cinq ou fix cens Tortues de mer.
La chair & la graiffe de la Tortue de terre font excellentes &
très-faines. Celles des Tortues
de mer font bien moins délicates.
Toutes ces provifions font defti-
nées à fuppléer à la Boucherie
pour le Gouvernement & pour
l'Hôpital. Les habitans vivent de
chair de Cabrit, de Volailles,
de Gibier, de Poiffons. En général, la vie y eft fort chere; mais
ce n'eft pas tant la faute du pays,
que celle de l'ufage & de la nature de l'établiffement formé dans
cette Ifle : car à l'Ifle de Bourbon, les vivres font beaucoup
plus abondantes & à meilleur marché. Tous les Vaiffeaux de la
Compagnie vont s'y approvifion-

ner. L'air de l'Ifle de France eft
fain , il eft tempéré & même
froid , fur-tout le foir & le matin , dans les habitations un peu
élevées. Les chaleurs font plus
grandes au Port-Louis que par-
tout ailleurs , parce que les montagnes voifines le mettent fouvent à l'abri du vent de Sud-Eft
qui régne ordinairement toute
l'année. Le Ciel n'eft pas égale-
ment ferein par toute l'Ifle. Il
pleut prefque tous les jours de
l'année vers le milieu de l'Ifle ,
& c'eft ce qui entretient les
étangs & les ruiffeaux, dont peu
tariffent dans la faifon féche.
Aux environs du Port Louis ,&
dans la partie du Nord-Oueft de
l'Ifle , il ne pleut que dans les
mois de Janvier , Février , Mars
& Avril, Les pluies font cependant fréquentes dans les mois de
Mai & de Juin , & quelquefois
de Juillet. La fécherefle dure
                    pendant

pendant le refte de l'année ; elle
rend la vûe des environs de ce
Port défagréable , à caufe des
herbes deffechées & brûlées , &
des montagnes voifines , nues,
dépouillées d'arbres , & hériffées
de pierres ; malgré la féchereffe,
le Ciel eft rarement bien clair.
On y voit prefque continuellement rouler de petits pelotons de
nuages qui viennent du milieu
de l'Ifle , où il pleut prefque tous
les jours , comme je l'ai dit.

Les vents viennent ordinairement de la partie du Sud-Eft ; ils
font bien moins violens qu'au
Cap de Bonne-Efpérance. On
trouve cependant des vents va-
riables , depuis le mois d'Octobre jufqu'au mois d'Avril. Le ba-
romètre a varié de fix lignes pendant mon féjour dans cette Ifle :
dans mon Obfervatoire, qui n'é-
toit élevé que de 4 ou 5 toifes
au-deffus du niveau de la mer,

L

je l'ai vu au plus haut le 13 Juillet 1753 , à 28 pouces 5 lignes
un tiers , & au plus bas à 27 pouces 11 lignes & demi, les 10 &
12 Janvier 1754 , jours d'une
groffe pluie & d'un ouragan qui
s'eft fait fentir à l'Ifle de Bourbon. Dans le courant de l'année,
le mouvement du Mercure eft
prefque infenfible , fi ce n'eft qu'il
eft un peu plus haut à midi que
le foir,

SUITE
DU JOURNAL.

JANVIER 1754.

16.

JE me suis embarqué à l'Isle de France, sur le Vaisseau *le Bourbon*, commandé par M. Lesquelen, pour aller à l'Isle de Bourbon. Nous appareillâmes le matin à 8 heures, & le lendemain 17 nous mouillâmes à la rade Saint Denis, à une heure après midi. M. Brenier, qui commande dans cette Isle, me donne une Case, voisine du Gouvernement, avec un Noir pour me servir.

» L'Auteur ne donne pas ici la
» description de cette Isle, parce

L ij

» qu'il n'y a féjourné que 5 jours.
» Nous y fuppléerons en rappor-
» tant d'après la Martiniere, ce
» qui fuit. On peut confulter les
» Mémoires de l'Académie 1754,
» page 119, touchant les oura-
» gans arrivés dans cette Ifle,
» depuis 1733 jufqu'en 1754,
» que M. l'Abbé de la Caille y
» arriva. »

  » L'Ifle de Bourbon fituée
» dans l'Océan Ethiopique, à l'O-
» rient de la grande Ifle de Ma-
» dagafcar, eft prefque de figure
» ovale, & peut avoir 15 lieues
» de longueur fur 10 de largeur.
» On l'a d'abord appellée *Maf-*
» *careigne*, du nom d'un Portu-
» gais à qui la découverte en eft
» dûe. Le nom de Bourbon lui
» a été donné en 1654. Cepen-
» dant les François ne s'y font
» établis qu'en 1672, après avoir
» abandonné l'Ifle de Madagaf-
» car.

» L'Île de Bourbon contient
» trois Bourgades assez considé-
» rables. Il y a plusieurs bonnes
» rades, mais il n'y a pas de ports
» assurés contre les violens oura-
» gans qui s'y font sentir fré-
» quemment. La Bourgade de
» Saint Paul est le premier éta-
» blissement qu'on y ait fait. On
» nomme Saint Denis de Sainte
» Suzane, les deux autres Bour-
» gades. Le Gouverneur de l'Île
» réside à Saint Denis. Ce lieu
» est aussi l'entrepôt des vaisseaux
» de la Compagnie des Indes, &
» le seul relâche commode pour
» les rafraîchissemens.

» Le territoire de l'Île est fer-
» tile en plantes : il y croît de
» l'Aloës & de l'excellent Tabac,
» du poivre blanc & de l'Ebène,
» des arbres fruitiers , des Pal-
» miers, & autres arbres qui pro-
» duisent des gommes odorifé-
» rantes, comme le Benjoin, &c.

» L'air naturellement chaud de
» cette Isle, est tempéré & ra-
» fraîchi par des vents qui souf-
» flent presque continuellement.
» Des rivieres, des ruisseaux,
» des fontaines dont les eaux
» sont fort saines, contribuent
» beaucoup à sa fertilité. On y
» trouve une quantité prodigieuse
» de Tortues de terre & de mer.
» On y a transporté d'Europe des
» bêtes à cornes & des Porcs qui
» y ont beaucoup multiplié. Les
» Cabrits & les Sangliers y sont
» communs. La chair de ces der-
» niers est d'un goût exquis, par-
» ce qu'ils se nourrissent de Tor-
» tues. Les Perroquets, les Ra-
» miers, les Tourterelles y sont
» en grand nombre.

　» On ne voit dans cette Isle
» ni reptiles, ni insectes venimeux.
» L'Ambre-gris & le Corail se re-
» cueillent abondamment sur les
» rivages, où l'on trouve aussi de

„ fuperbes coquillages de toutes
„ efpeces. „

FÉVRIER. 16.

Au foir je me fuis embarqué
fur l'*Achille*, commandé par M.
de Baubriand. Nous avons appareillé le 27 à dix heures du matin.

AVRIL. 15.

Au matin nous voyons l'Ifle
de l'Afcenfion où nous mouillons à onze heures du matin. Le
foir nous defcendons à terre, &
nous campons un peu au Sud de
l'Anfe aux François, & dans la
partie Nord-Oueft de l'Ifle où
eft le mouillage ordinaire.

OBSERVATIONS

FAITES

A L'ISLE DE L'ASCENSION.

L'Ifle de l'Afcenfion eft une re-lâche ordinaire aux vaiffeaux François qui reviennent de l'Inde. Cette Ifle eft petite, & n'a gueres plus de trois lieues du Nord au Sud, ni plus de deux de l'Eft à l'Oueft : elle eft vifiblement for-mée ou brûlée par un Volcan : elle eft couverte d'une terre rou-ge, femblable à de la brique pi-lée, ou à de la glaife brûlée. Il y a dans quelques endroits une terre jaune, comme de l'ochre, & dans quelques autres, & fur-tout dans les fonds , une terre noire & fine. L'Ifle eft compofée de plufieurs montagnes d'éléva-

tion moyenne, comme de 100 à
150 toiſes. Il y en a une plus
groſſe, qui eſt au Sud-Eſt de l'Iſle,
haute d'environ 400 toiſes. On
l'appelle la *Montagne-Verte.* Son
ſommet eſt double & allongé :
mais toutes les autres ſont termi-
nées en cone aſſez parfait, & couvertes de terre rouge. La terre &
une partie des montagnes ſont
jonchées d'une quantité prodi-
gieuſe de roches criblées d'une
infinité de trous, de pierres calcinées & fort légeres, dont un
grand nombre reſſemble à du
laitier. Quelques-unes ſont recou-
vertes d'un vernis blanc-ſale,
tirant ſur le verd. Il y a auſſi beaucoup de pierres-ponce. Les roches ſont poſées, les unes ſur les
autres fort irréguliérement, &
la plupart ſur le penchant des
montagnes ; de ſorte qu'elles
laiſſent d'aſſez grands vuides dans
leurs intervalles ; & comme elles

L v

font très-légeres & de peu de confiftance, elles manquent fouvent fous les pieds , & mettent les voyageurs peu attentifs dans le danger d'être entraînés , & même enfevelis dans leurs écroulemens. La vue de ces montagnes, & en général de toute l'Ifle, préfente aux yeux un fpectacle affreux & capable d'infpirer de l'horreur.

Vers le milieu de l'Ifle & entre les montagnes, il y a de petites plaines qui font divifées en petits efpaces, & fi finguliérement diftribués , qu'on diroit que c'étoit autrefois de petits champs couverts de pierres ; qu'on auroit enfuite accumulé les pierres par tas pyramidaux , & par longues rangées en façon de murailles féches , pour avoir de petits terreins féparés les uns des autres , & nétoyés de toutes pierres.

Il n'y a aucune riviere ni fource coulante dans cette Iſle. On y voit des lits de torrens & des ravins formés par les pluies. On trouve cependant au pied de la Montagne Verte, de l'eau amaſſée dans quelques fonds ; mais elle s'évapore ou ſe perd en peu de mois.

La ſurface de l'Iſle paroît abſolument nue & inculte. Je n'y ai vu aucuns veſtiges d'arbres ni d'arbriſſeaux. J'y ai trouvé quatre ſortes de plantes qui ſont clair ſemées çà & là. La premiere eſt un pourpier d'une fort bonne eſpece ; la ſeconde eſt un tithymale, dont la tige en ſéchant devient aſſez dure ; la troiſiéme eſt une eſpece de gramen , dont la feuille eſt fort étroite, longue & un peu crénelée comme la prêle. La quatriéme qui ne croît que ſur les ſables du bord de la mer, eſt une eſpece de *Convolvulus* , connue aux Iſles de France & de

L vj

Bourbon, fous le nom de *Patate*
à Durand.

On ne voit gueres fur cet-
te Ifle que trois efpéces d'oifeaux,
mais qui y font en grand nombre;
ce font les *Fregates*, les *Fous*,
qui fe laiffent prendre à la main
ou tuer à coups de bâton, & les
Pailles-en-cul : il y a quelques Cabrits fauvages, des Rats & des
Souris, quelques mouches, fçavoir les communes,& celles qu'on
trouve en France fous la queue
des chevaux dont le ventre eft
gros & rond, & le corps jaune &
écailleux ; ici elles font de couleur noire, mais du refte de la
même nature que celles d'Europe. Il y a peu d'autres infectes.
On y voit de petites fourmis noires, & quelques fcarabées.

Le bord de la mer eft formé
par des roches noires & fort dures, qui ne paroiffent pas avoir
été calcinées, ou par des plages

dé fable qui n'eft qu'un débris de
coquillages ; ce font des petits
grains arrondis & de différentes
couleurs, felon qu'étoit celle du
coquillage, dont le grain faifoit
partie. Les couleurs principales
font le blanc, le jaune & le cra-
moifi. Ces grains font plus ou
moins fins dans les différens endroits de la côte. On trouve des
anfes où ils reffemblent à des
anis de Verdun, & d'autres où ils
reffemblent aux plus fines nom-
pareilles de cette Ville. Il y a
quelques endroits de la côte, où
les gros grains de coquillage forment des lits de pierres extrêmement dures, de cinq à fix pouces
d'épaiffeur.

L'Ifle de l'Afcenfion, déferte,
fans bois ni eau, n'eft fréquen-
tée que pour la pêche de la tortue de mer. Nous y en prîmes
plus de 130 en quatre nuits. La
pêche fe fait de la forte. Quatre

ou fix hommes vont enfemble
pendant la nuit, le long de la
mer, fur les plages de fable. Lorfqu'ils rencontrent une tortue qui
pond dans un trou qu'elle a fait
dans le fable, à cinq ou fix pas
du terme où la mer vient battre
la plage, ils fe jettent deffus &
la tournent fur le dos ; fituation
qu'elle ne peut plus changer, &
qui donne le loifir d'en aller retourner d'autres, afin de revenir
pendant le jour les embarquer
dans une chaloupe pour les mener
à bord.

On pêche encore à l'Afcenfion
une grande quantité de poiffons.
On y voit des *Carangues*, des
Vieilles, des Requins, des Mu-
rennes, qui font une efpéce de
ferpens de mer ou d'hydre, des
Bourfes, des Huitres, & des poiffons volans.

Le lieu du mouillage ordinaire
eft vis-à-vis d'une anfe dans le

Nord-Oueſt de l'Iſle ; le fonds en
eſt de ſable , coquillage briſé &
corail. La tenue eſt bonne , & il
n'y a aucun danger , parce que
le vent pouſſe toujours au large.
D'ailleurs il n'y a pas de coup de
vent à craindre. Il ne s'y en fait
jamais ſentir , non plus qu'à l'Iſle
de Sainte Hélene , qui eſt à 225
ou 230 lieues dans le Sud-Eſt.
La mer briſe beaucoup ſur la côte. Il eſt difficile de s'embarquer
& de ſe débarquer.

L'Iſle de l'Aſcenſion , quoique
fort petite & déſerte , pourroit
occuper long-tems un Naturaliſ-
te , & fournir de longues réflexions à un Philoſophe. Le peu
de tems que j'avois à y paſſer ne
m'a permis de la conſidérer que
comme un point important pour
la Géographie & la Navigation.
Je me contentai d'en déterminer
la latitude.

AVRIL*19

Je me rembarquai à dix heures du foir, & nous appareillâmes le lendemain à fix heures du matin.

9 JUIN.

Nous avons connoiffance des roches de Penmark à cinq heures du foir, & nous venons mouiller fous l'Ifle de Groix, à deux heures après minuit.

4.

Nous entrons dans le Port de l'Orient à deux heures & demie du foir.

14.

On defcend mes caiffes à terre.

28.

Couché à Paris, où j'arrivai à quatre heures du foir. Ainfi mon Voyage a duré trois ans huit mois & une femaine.

Fin du Journal Hiftorique.

COUTUMES

DES HOTTENTOTS

ET

DES HABITANS

DU CAP

DE BONNE - ESPERANCE.

Observations préliminaires sur les Coutumes des Hottentots.

LA vie des Hottentots est à-peu près la même que celle des Gaulois sauvages, dont César fait mention dans ses Commentaires. Ils se réunissent auprès des rivieres & des forêts, en différentes hordes ou peupla-

dès, qui forment comme autant
de Villages & de Républiques in-
dépendantes. Les rivieres répandent dans les cantons qu'elles
parcourent, une humidité fécon.
de qui entretient la production
des racines & des fruits sauvages,
dont les Hottentots se nourrissent : les forêts procurent le même avantage, à la faveur de l'om-
bre des arbres ; le climat est fort
chaud. Ces forêts ressemblent à
nos bas vergers ; leurs arbres
n'ont pas plus de six à sept pieds
de hauteur communément.

Les habitations qui forment les
Villages des Hottentots sont dis-
tribuées sur une ligne circulaire ;
des cabanes couvertes de peaux
regnent autour de ce cercle.
Chaque cabane est une espece
de hûte fort basse, dans laquelle
on ne peut entrer que courbé ou à
genoux. Elles servent à serrer
les provisions de la vi. & les us-

tenfiles de ménage. L'Hottentot
ne les occupe que pendant les
tems de pluie. Il paffe les momens
qu'il n'emploie pas au travail, à
dormir à fa porte couché fur le
ventre, & le dos expofé au fo-
leil en plein air. Il interrompt de
tems en tems fon fommeil pour
fumer avec une herbe forte , qui
fait le même effet que notre tabac.

L'Hottentot eft berger de profeffion. Il fait fa principale &
prefque unique occupation du
foin de fes troupeaux de moutons & de bœufs. Il n'y a qu'un
troupeau commun pour chaque
Village. Chaque Habitant préfi-
de à tour de rôle à la garde du
troupeau. Cette garde demande
des précautions bien différentes
des foins qu'on en prend parmi
nous. Les bêtes fauvages font
beaucoup plus nombreufes & plus
à craindre à cette extrémité de

l'Afrique que dans nos contrées. Les Lions n'y font pas communs; mais le Léopard, le Tigre,
plufieurs efpéces de Loups plus
dangereux qu'en Europe, & d'autres animaux mal-faifans qui ré-
gnent habituellement dans des
forêts reculées, font de tems en
tems des excurfions du côté du
Cap, & détruifent les troupeaux.

Afin de prévenir de tels malheurs, l'Hottentot, gardien du
troupeau commun, a foin d'aller
ou d'envoyer tous les jours à la
découverte, pour fçavoir fi aucun animal féroce ne rode dans
le canton. Comme la foif eft le
principal befoin qui tire ces bêtes de leurs repaires, on eft prefque fûr de trouver fur les bords
des rivieres, les premieres qui arrivent.

Dès que le Berger de garde s'eft
affuré ou par lui-même, ou par le

miniſtere de ceux qui l'accompagnent, de la préſence d'une bête dangereuſe, il aſſemble la Peu-
plade à ſon retour, pour annon-
cer à ſes Concitoyens l'arrivée
de la bête. Les animaux qui viennent ainſi ſe déſaltérer, retournent rarement dans leurs repaires. Ils cherchent des antres aux
environs du fleuve, & s'y établiſ-
ſent. On ſe diſpoſe alors à une
chaſſe qui s'exécute ainſi.

L'on raſſemble les plus vigoureux hommes de la Colonie, on
les arme d'épieux aiguiſés dur-
cis au feu, & empoiſonnés. Ils
prennent auſſi chacun un arc, &
pluſieurs fléches pareillement em-
poiſonnées. Le Berger du jour
où la bête a été apperçue, va
reconnoître, aux heures convenables, l'antre où l'animal féroce s'eſt réfugié. Il revient au Village, & ſe met à la tête de la
Troupe, armé de même que

ceux qu'il conduit. Arrivés à l'antre, les combattans se rangent sur deux lignes. Le Berger pénètre dans l'intérieur de la caverne, autant qu'il est néceffaire, pour agacer la bête & pour l'exciter à le pourfuivre.

L'animal au fortir de l'antre, ou est accablé fous les coups redoublés des épieux & des fléches, ou s'il échappe, le poifon des armes fait de tels progrès en peu d'heures, qu'une prompte mort en est l'effet ordinaire.

Unis entre eux par les liens d'une concorde fraternelle, les Habitans d'un même Village vivent en paix. Mais ils se vengent cruellement des Peuplades voifines, au premier fujet de mécontentement qu'ils en reçoivent. Les fujets de plaintes viennent ordinairement d'une difpute de Bergers, d'un mouton volé; quelquefois d'un fort foup-

çon infpiré par l'imprudence du
Berger de garde.

Sur le rapport de celui-ci , la
Colonie s'affemble ; on délibere
fi on prendra les armes, ou s'il
eft plus convenable de diffimuler. Si la guerre eft réfolue , on
tâche d'infpirer par la patience,
de la fécurité au Peuple qu'on
veut combattre. On prend fon
tems pour fondre inopinément
fur lui. Rien n'eft épargné alors,
ni l'âge , ni le fexe. Toute la
Colonie eft détruite ; les uns pé-
riffent fur le champ de bataille ,
les autres meurent de leurs blef-
fures empoifonnées , le lendemain, & quelquefois le jour même du combat. C'eft ainfi qu'on
fait la guerre dans ces Contrées. Je
reviens à ce qui regarde le Gouvernement,

Les foins du ménage font dé-
partis aux femmes. Les Hottentots vivent de légumes & de la

chair de leurs troupeaux de Moutons & de Bœufs. Les hommes préparent les viandes, les dépêçent & les livrent aux femmes. Le foin de ramaſſer les légumes ne les regarde pas.

La journée d'une ménagere eſt ainſi partagée. Elle ſort le matin du village, accompagnée de ceux de ſes enfans qui peuvent la ſuivre; elle porte les autres à bras ou ſur le dos. Elle s'avance dans les bois, parcourt les bords des rivieres, pour y prendre les légumes, les racines ou les fruits ſauvages qui lui conviennent. Le légume dor: les Hottentots font plus de cas, eſt une eſpéce de Navet de la figure d'un oignon plat, excepté que ces Navets font beaucoup plus larges. La femme, après avoir fait ſa proviſion, revient au Village, & dépoſe dans ſa cabane ce qu'elle a rapporté.

Elle

Elle allume le feu de la maniere qu'on trouvera décrite ci-après. Il y a devant chaque Cabane une large pierre qui sert de foyer. On la couvre de bois, & l'on y porte le feu auquel on fait cuire la viande ou les légumes. Lorsque le repas a été préparé, la Ménagere assemble sa petite famille & va éveiller son Mari, s'il n'est pas en tour de garder les troupeaux. On s'assied à terre, & chacun prend sa réfection.

On voit aussi quelque Gibier dans les forêts & dans les plaines. Les Hottentots en tuent lorsqu'il est abondant, & vivent de cette chasse.

Dans ces pays barbares, le sexe a ses appas, qu'il tâche de relever par le secret d'un art qui lui est propre, & qui sûrement ne réussiroit point parmi nous. Les femmes sont vêtues de peaux de Moutons, ainsi que les hom-

M

mes, la laine en dehors pendant
l'été, & en dedans pendant la
faifon de l'hiver. Les Moutons
du Cap font de deux fortes :
les uns font couverts d'un poil
ras comme nos chiens ; les autres portent des toifons & une
queue fort groffe , large & applatie , du poids de huit à dix
livres, qui n'eft qu'un amas de
plufieurs pelotons de graiffe.

Les femmes fe couvrent les
épaules d'une premiere peau en
forme de mantelet ; de façon
que fes deux extrémités fe réuniffent fur la poitrine, & laiffent
la gorge à découvert. Elles fe
couvrent le refte du dos & le
bas ventre avec une feconde peau
qui defcend jufqu'aux genoux.
C'eft ainfi qu'elles fe garantiffent
des injures de l'air.

Celles qui ont l'ambition de
plaire, fe font des colliers de coquillages qu'elles portent autour

du col. Elles rendent luifans leurs vifages, leurs poitrines, & toutes les parties nues de leurs corps, en frottant ces parties avec la graiſſe d'une queue de Mouton, qui leur tient lieu de la plus précieuſe eſ-fence. Elles ſe nouent les che-veux. Une Dame Hottentote ainſi ajuſtée, a épuiſé tous les ſecrets de l'art, & pour peu que la nature l'ait favoriſé du côté de la figure & de la taille, ſon amour - propre eſt flatté, & la ſatisfaction qu'elle en conçoit, eſt portée à ſon comble.

Les mœurs des Sauvages du fond de l'Afrique différent peu de celles des Hottentots. Un riche Particulier de Hollande, avec qui feu M. de la Caille avoit eu quelques liaiſons au Cap, lui raconta qu'ayant eu la curioſité de pénétrer de fleuves en fleuves, plus de 500 lieues avant dans l'intérieur de l'Afrique, il avoit

reconnu dans toutes les Peuplades qui l'habitent, une uniformi-
té parfaite d'usages & de conduite. Il voyageoit dans un Canot bien approvisionné, accompagné de quatre Soldats & de
deux Domestiques.

Le pays ne laisse pas d'être
garni d'Habitans, suivant son
rapport; il faisoit peu de lieues
sans appercevoir des cabanes.
Il mit pied à terre en quelques endroits avec les précautions que la prudence exigeoit.
D'abord il témoigna par ses ges-
tes qu'il ne vouloit que du bien
à ceux qu'il venoit visiter; & pour
leur en donner des marques sen-
sibles, il tira de sa poche plusieurs
de ces Images, dont on donne
à Paris trois pour un liard. Les
plus distingués des Sauvages re-
çurent ce présent comme des
merveilles qu'ils avoient peine à
comprendre. On s'empressa d'ap-

porter aux pieds de l'Européen,
en figne de reconnoiffance, toutes
les efpéces de provifions que le
Sol produifoit. Ce Hollandois fe
retira enfin fur fon bord, conduit par une foule de Sauvages
qui s'empreffoient de lui témoi-
gner la fatisfaction qu'ils avoient
eue de le voir.

L'Auteur de ce récit ajoûtoit,
qu'il avoit remarqué parmi tous
ces Peuples que nous nommons
Sauvages & *Barbares*, une façon
de penfer uniforme, touchant
l'hofpitalité qu'on doit aux Etran-
gers, la compaffion pour les malheureux, l'affiftance des malades,
& une pratique foutenue de toutes les maximes fondamentales
du Droit Naturel.

Sur l'objection qu'on lui fit,
que plufieurs Européens ayant
abordé chez quelques-uns de ces
Peuples, y avoient été cruellement mis en piéce, il expofa

deux circonftances qui pouvoient donner lieu à ce traitement.

La premiere eft , lorfqu'on entreprend de les chaffer de leurs
poffeffions, de leurs cabanes & de
leurs villages ; ce qui eft arrivé
plufieurs fois du côté du Cap. Un
tel traitement excite naturellement l'efprit d'indignation & de
vengeance ; ils cédent à la force , mais malheur à l'Européen
qu'ils peuvent trouver feul ou
fans armes, après ces fortes de
transplantations forcées ; ils ufent
de repréfailles fur fa perfonne.
C'eft ce qui fait qu'en général
les Hottentots qui compofent les
Villages voifins des poffeffions
des Hollandois du Cap , reçoivent quelquefois affez mal les
Européens qui les vifitent.

A l'égard des Sauvages de l'intérieur de l'Afrique, qui n'ont
rien à craindre pour leurs poffef-

fions, ils demeurent conftam-
ment attachés à ce principe de la
Loi Naturelle, *de ne faire à au-*
trui que ce qu'ils défirent leur être
fait à eux-mêmes. Ceux qui trouvent la mort parmi ces Peuples,
ou qui fe plaignent de leurs mauvais traitemens, font des gens
qui fe préfentant avec un air
menaçant, préviennent mal en
leur faveur ceux qu'ils vifitent.
Les Sauvages raffemblés par un
foupçon légitime, tâchent de
l'entourer, & pour peu qu'il
veuille fe faire jour à travers la
multitude à la faveur de fes armes, il eft accablé de mauvais
traitemens.

Ces traits hiftoriques fournif-
foient à M. l'Abbé de la Caille
des réflexions bien judicieufes
fur le contrafte, fur le Gouvernement des Sauvages, comparé
avec les mœurs des Peuples poli-
cés de l'Europe, chez qui la Loi

Naturelle eſt violée à chaque
inſtant, par les diſpoſitions des
Loix mêmes. Le droit de Va-
rech qui prive ſouvent les Pro-
priétaires de Vaiſſeaux de leurs
effets naufragés ; les frais immenſes, & la longueur des procès qui aſſujettiſſent le pauvre à la
cupidité du riche ; la faveur qui
avance la fortune de l'intriguant,
& ſouvent du méchant , tandis
que l'homme utile ou le bon citoyen languit dans la miſere ;
les diſſentions domeſtiques, les
meurtres , les vols, les haines
implacables & leurs ſuites , ne
ſont-ils pas autant de diſpoſitions
ou d'événemens contraires aux
premiers principes ?

Préjugés à part , lequel des
deux Peuples eſt préférable à
l'autre , de celui qui cultive les
arts, & qui invente des excep-
tions contraires aux régles de la
Loi naturelle ; ou de celui qui

content du premier néceſſaire ſe
conduit ſuivant les maximes d'u-
ne équité ſtricte & ſcrupuleuſe ?
La cauſe eſt à juger. La déciſion
dépend des qualités & des diſpoſitions des Arbitres?

L'extrémité de l'Afrique qui
ſe termine au Cap de Bonne-Eſpérance, eſt entremêlée de plaines ſablonneuſes, de bois & de
hautes montagnes, de vallées où
coulent des ruiſſeaux & des rivieres. Les plaines de ſable ſont
dangereuſes à parcourir. Ce ſable eſt mouvant, les vents l'a-
moncelent, & le diſſipent. Il
couvre des buiſſons de ronces,
d'épines, de morbois, qui déchi-
rent les jambes de ceux qui s'y
enfoncent, s'ils n'ont pas la précaution de les garantir par des
bottes molles, ou par des guêtres
de cuir. Le plus ſûr eſt de ne pas
s'y engager.

Un autre inconvénient de ces

M v

fables, encore plus dangereux, est qu'ils font remplis de ferpens & d'infectes venimeux, dont les piquures font mortelles. Les Européens fe préfervent de ces piquures en portant des bottes molles. Quant aux efclaves & aux Hottentots dont la plupart marchent pieds nuds, leurs maîtres, lorfqu'ils les envoient au loin, les garniffent d'une provifion de petits oignons blancs, dont le jus appliqué fur la bleffure, en diffipe le venin fur le champ.

Les arbres des jardins & des bois font auffi infectés de ferpens de plufieurs efpéces, & il eft dangereux de fe promener dans les jardins à certaines heures.

Nous avons cru devoir placer ici ces Notions préliminaires, pour fervir d'introduction, & pour préparer aux Remarques qui fuivent.

REMARQUES

De M. l'Abbé de la Caille
sur les Coutumes & sur les
Mœurs des Habitans du Cap de
Bonne-Espérance , & sur celles
des Hottentots.

FAUTE de tems & d'occasion
d'amasser des Mémoires propres
à faire une Histoire complette du
Cap ; je mettrai ici les réflexions
que j'ai faites , & les faits certains qui sont parvenus à ma connoissance , sans suivre d'ordre de
matiere ; mais seulement à mesure que l'occasion s'en pré-
sentera.

Art. 1.

Le terrein du Cap, pris en

M vj

général, n'eſt pas excellent. On
doit l'abondance qu'on trouve
ici, * 1°. au choix qu'on a fait
des meilleurs terreins. 2°. à la
température du climat qui eſt
telle qu'il n'y a rien à craindre
de la gelée, de la grêle qui ne
tombe guères que ſur les montagnes, &c. 3°. à l'engrais des
terres que le nombre conſidérable de moutons qu'on éleve
ici, rend très-facile. 4°. à la nou-
veauté de ces terres qui ne ſont
pas encore fatiguées, & qu'on
laiſſe néanmoins repoſer au moins
auſſi ſouvent qu'en France.

Art. 2.

Les Montagnes de la Table &
du Diable étant preſque à pic
dans toute leur étendue, il arrive une choſe ſinguliere, c'eſt que
les Maiſons qui étant placées au
Sud de ces Montagnes ſemblent
à couvert des vents de Sud-Eſt,

* Ceci a été écrit ſur les lieux.

sont cependant celles qui en souf-
frent le plus, tandis que celles
qui sont au Nord de ces Montagnes , & qui par conséquent
semblent les plus exposées au vent
de Sud-Est , ne s'en ressentent
presque pas. J'ai vu souvent que
le vent de Sud-Est étoit terrible
au Cap , tandis qu'on n'en sen-
toit rien à Constance, & dans la
partie du Rond-Bosch , qui est
vers le Nord , & plus au pied de
la Montagne , comme est le New-
land & le Paradis. Au contraire,
on assure que lorsque les vents
de Nord-Ouest sont furieux , il
est impossible de rester au New-
land & au Paradis : ce qui prou-
ve que les vents violents étant
arrêtés au pied de ces Montagnes, s'élevent vers leur sommet,
& qu'étant amoncelés là avec celui qui souffle en rasant la Montagne, ils trouvent à son défaut
une espéce de précipice dans le-

quel ils s'engouffrent comme s'ils
tomboient du haut de la Montagne. Ceci est encore confirmé
par le mouvement du nuage qui
couvre la Table pendant la fureur des vents de Sud-Est. On le
voit se précipiter du sommet de
la Montagne, en tombant à
plomb le long d'elle, mais en
se dissipant à mesure qu'il des-
cend; ensorte qu'il est invisible,
dès qu'il est arrivé au tiers de la
hauteur de la Montagne.

Art. 3.

Quoique les viandes fraîches
& le poisson soient très-abon-
dans au Cap, cependant les Habitans ne se régalent que de viandes ou de poissons salés & fu-
més : ou même de poissons sé-
chés qu'ils mangent légerement
grillés avec force poivre, & du
pain trempé dans de l'eau chau-
de. Les Dames aiment extrême-

ment toutes les efpéces d'achards
qui font des légumes ou fruits
falés , & confis au vinaigre, fans
épargner les épices. J'ai aflifté à
plufieurs repas de cérémonie ,
où les plats d'honneur étoient
du Stocfich dur & jaune , & des
Jambons d'Europe à demi pour-
ris : le lard bien jaune & rance.
On avoit garde de toucher aux
viandes fraîches qui y étoient
fervies à la vérité avec profufion,
mais pour faire nombre. Une
Dame (Mme Lanu) , qui de-
meuroit à la campagne au pied
de la Montagne appellée *la Tour
de Babylone* , étant venue paffer
quelques jours au Cap , logea
chez M. Beftbier ; elle s'en retourna un peu incommodée , &
mourut même quelques jours
après. Elle attribuoit fa maladie
à ce qu'elle n'avoit mangé que
des viandes fraîches chez M. Beftbier : enfin les plus beaux préfens

que les Capitaines des Vaisseaux
qui relâchent au Cap, puissent
faire, ce sont des morceaux de
bœuf salés en Europe, & desti-
nés à la nourriture des équipages : plus ces viandes sont noires, plus elles sont du goût des
Habitans.

Art. 4.

La plûpart des légumes au
Cap sont aussi bons, que j'en aye
mangé en France; il faut en ex-
cepter l'Asperge, qui ne croît pas
mieux que celui qu'on fait venir
dans les caves pendant l'hiver à
Paris; le Celeri qui y est petit
& racorni. En récompense les
Carottes y sont excellentes, même crues; toutes les espéces de
Chous y sont très-bonnes. A l'é-
gard des fruits, je ne trouve
guères que la Pêche & l'Abricot
qui sont aussi bons qu'on en puisse trouver en France : mais il

n'y a pas une bonne Prune,
quelques Pommes paſſables, entre'autres la Reinette & le Cal-
ville, pas une bonne Poire, ſi
ce n'eſt la Bergamote, qui eſt
paſſable ; les Figues médiocres ;
les Oranges ſont beaucoup moins
bonnes que celles de Portugal,
quoiqu'il y en ait de preſque toutes les eſpéces ; je n'en ai pas
goûté une qui me fît plaiſir. Les
Fraîſes y ſont bonnes, & la plupart des Raiſins exquis. Il y a peu
de Ceriſes qui ſont plus douces
qu'en France, preſque pas de
Groſeilles. Il y a des Noix en
aſſez grande abondance ; mais
je n'ai pas mangé de cerneaux :
elles ſont rances en peu de tems :
les Melons ne ſont bons que la
premiere ou la ſeconde année
que la graine eſt venue d'Europe;
ils dégénerent trop dans la troiſiéme. A l'égard des fruits des
Indes ou des Pays-chauds, on

y trouve le Melon d'eau qu'on dit paſſable; mais je n'ai pu m'y accoutumer; la Gouyaſe, qui eſt la Grenade, y eſt bonne. Tous ces fruits & légumes ont été apportés au Cap, & l'on n'y trouve rien de particulier ou naturel au pays, que quelques bulbes de plantes qui ſont aſſez douces; la Figue Hottentote, & le Raiſin Hottentot, & quelques autres bayes que les Noirs mangent lorſqu'ils en trouvent.

Quelque abondans que ſoient les fruits & les légumes au Cap, ils ſont cependant fort cher : le meilleur marché qu'on ait d'une botte des plus communs, & dans le tems où il y en a le plus, par exemple, des Carottes, des Navets, &c, c'eſt un double ſol du pays qui revient à quatre ſols de France : encore ces bottes ſont-elles aſſez petites, & ſuffiſent à peine pour faire un plat médiocre.

Art. 5.

L'on peut dire que l'hiver eft
la belle faifon du Cap ; car outre qu'il n'y fait jamais affez froid
pour avoir befoin de fe chauffer,
c'eft que l'on a fouvent fix, fept
ou huit beaux jours fans vent ni
chaleur incommode, tels que
font les plus beaux jours du mois
de Septembre en France. Il eft
vrai qu'il arrive auffi que l'on a
du vent, de la pluie, du brouillard, & du tems couvert pendant
cinq ou fix jours de fuite ; mais
ces fortes de variations n'étant
pas fubites comme en France,
c'eft-à-dire, le tems fe maintenant
affez conftant pendant plufieurs
jours de fuite, foit en beau, foit
en mauvais, on peut dire que le
mauvais tems eft bien racheté
par le beau qui lui fuccede : au
lieu que dans l'été, ou il fait un
vent furieux & froid qui vous

empêche de fortir , qui vous
oblige à fermer portes & fenêtres , & à vous tenir renfermé ;
ou bien il fait une chaleur incommode qui ne vous permet pas
de vous expofer à l'air avant le
foir affez tard. L'hiver n'eft incommode au Cap que pour les
Voyageurs, à caufe des rivieres.

Art. 6.

Le revenu des Habitans du
Cap qui font établis à la campagne au loin, confifte dans la vente
de leurs beftiaux & dans le
beurre. Ceux qui font à 60 ou
80 lieues y viennent deux ou trois
fois par an ; ils apportent une
groffe carotte pleine de beurre
falé qu'ils vendent pour avoir
de quoi acheter leurs provifions.
Le beurre falé vaut communément au Cap un efcalin la livre:
c'eft à peu près 12 fols de France,

mais le beurre frais y eſt bien
plus cher , je l'ai vu acheter
32 ſols de France dans le tems
où la ſaiſon commençoit à être
bonne pour les pâturages : l'on
vend le beurre ſalé de Hollande
pris dans les Magaſins de la Compagnie , pour deux eſcalins : on
auroit de la peine à croire que
dans un pays où les principales
richeſſes ſont les beſtiaux , le
beurre & le lait y ſoient ſi cher:
l'on y fait un peu de fromage de
petit-lait ou de bas-beurre, encore
eſt-il aſſez mauvais : les Habitans
riches ſont accoutumés à manger
leur beurre ſalé couvert de fromage de Hollande , ce qui en
ôte le goût un peu rance. Il faut
avouer auſſi que la difficulté qu'il
y a de traire les Vaches qui ſont
bien moins traitables qu'en Europe , & l'uſage de laiſſer ce ſoin
aux eſclaves , rendent le lait peu
commun dans la maiſon de cam-

pagne la plus riche en beſtiaux :
d'ailleurs les Vaches en ont moins
qu'en Europe. J'ai demeuré quelques jours dans une habitation
au Groene-Kloof où il y avoit
plus de 200 bêtes à cornes , &
d'où l'on envoyoit tous les ma-
tins à une demi-lieue de-là chercher du lait pour faire le caffé le
matin. On nourrit au Cap les
enfans avec de la ſoupe, & non
pas de la bouillie.

Art. 7.

Les Habitans du Cap ne ſça-
vent pas encore tirer un bon
parti des productions du pays ;
ils ont fait au commencement
de leur établiſſement des expé-
riences pour trouver les tems les
plus propres à labourer , à fumer
les terres & à les enſemencer ;
mais ils ſe contentent d'avoir
réuſſi dans cette partie , & ils
ont négligé la façon & la conſer-

vation des vins. Le vin qu'on recueille ordinairement ici feroit
auffi bon que notre meilleur vin
Mufcat de Frontignan ou de
Lunel , s'ils ne fumoient pas trop
fouvent leurs vignes, & s'ils fçavoient le faire ou le bien traiter.
Ils font obligés pour le conferver de le fouffrer au point qu'il
en devient non - feulement pi-
quant, mais défagréable à boire.
Le Général Imhof avoit fait venir de Francfort un nommé Ser-
turier, qu'il croyoit fort propre
à faire les recherches néceffaires
pour conferver le vin , & même
pour le faire ; mais cet homme,
qui ne connoiffoit bien que les
façons qu'on fait au vin du Rhin,
après avoir été cinq ans aux ga-
ges de la caiffe Bourgeoife , trouva une riche veuve qu'il époufa,
& fe fit Marchand de vin , fans
chercher d'autre méthode que
celle qui eft en ufage dans le
pays.

Art. 8.

L'ufage de ce pays eft de porter tout fur des charriots peu longs
& peu larges ; il eft vrai qu'on
ne manque pas de Bœufs ni même de Chevaux pour les tirer;
mais le prix de ces charriots rend
cette maniere de voiturer très-
couteufe : un charriot ne coûte
guères moins que 120 écus de
Hollande : plufieurs paffent 140,
& lorfque ceux qui s'en fervent
demeurent loin du Cap, au de-
là des Groffes Montagnes, un
charriot ne leur fait guères de
voyages tant à caufe de la quantité de roches qui leur font faire
des cahots très-rudes, qu'à caufe
de la viteffe avec laquelle les
Bœufs tirent fouvent ces charriots.

Art. 9.

Il faut cependant faire un affez
grand

grand nombre de voyages au
Cap , fur-tout pour livrer les
bleds ; & de là vient qu'on tire
fi peu de profit des habitations à
bled un peu éloignées, & qu'au
de-là d'une certaine diftance on
ne peut faire que des habitations
pour des beftiaux feulement. Cependant on nourrit dans la plupart des habitations un grand
nombre de Chevaux qui vont
en groffes troupes paître toute
l'année , & n'ont d'autre fonc-
tion qu'à fouler le grain après la
récolte , & quelques-uns à traîner la herfe après les femailles.
Perfonne ne s'eft avifé ou n'a ofé
commencer à les charger d'un
fac de bled pour les envoyer au
Cap ; ce qui ne feroit d'aucun
frais, & ménageroit les charriots.
Aufli les facs dont on fe fert ici
ne font-ils guéres propres à fug-
N

gérer cette idée ; car ils font
fort courts & fort larges.

Art. 10.

Avec les meilleurs fromens du
monde la plupart des Habitans
à la campagne font de très-mauvais pain : c'eſt en partie la faute
de leurs moulins, ſoit à bras ou
à vent ou à eau ; ils ne broyent
le grain qu'à demi, pluſieurs l'é-
corcent à peine : on ne ſépare
guères le ſon d'avec la farine ;
avec cela à peine donnent ils à
leur pain la façon néceſſaire, de
ſorte qu'il eſt noir, lourd, gras,
& dans pluſieurs endroits on com-
pteroit les grains de bled dont il
eſt compoſé. Les maîtres & les
eſclaves mangent le même pain.
Il y a cependant quelques Pay-
ſans qui font de bon pain pour
leur table.

Art. 11.

Les bêtes farouches font à pré‑
fent fort éloignées du Cap. Dans
tout l'efpace renfermé entre la
chaîne de Montagnes qui va de
l'entrée Orientale de la fauffe
Baye jufques au-de-là de la Baye
Sainte-Hélene, on ne trouve que
quelque gibier. Il n'y a ni Elé‑
phans, ni Lions, ni Elans, ni
Anes, ni Chevaux fauvages. Quel‑
quefois cependant dans les mois
deDécembre & deJanvier,il vient
quelques Eléphans jufques à Berg-
Riviere, parce que la côte Occi‑
dentale du Cap eft d'une féche‑
reffe extrême. Un Lion qui fe
trouveroit dans l'efpace que j'ai
nommé, y cauferoit une allarme
générale.

Les bêtes farouches qui font
dans les cantons les plus reculés
de la poffeffion des Hollandois,
n'attaquent perfonne, & fuyent

même à la vue d'un homme, pour-
vu qu'elles ne se trouvent pas
surprises : c'est pour éviter cet accident que les Voyageurs qui
arrivent vers le bord d'une riviere,
(retraite ordinaire de ces animaux,
tant à cause de l'eau , que parce
que ces bords sont plus couverts
de bois & de hautes broussailles),
s'arrêtent avant que d'approcher de l'eau, font claquer leurs
longs fouets , ou tirent des coups
de fusils, Alors s'il y a quelque
Lyon , Tigre ou Eléphant dans
le voisinage , il s'éveille & se re-
tire. Il n'y a pas beaucoup de
gros Tigres, mais un grand nombre de fort petits, qui la plupart
ne font que des Chats-Tigres.
Les animaux qui font tort aux
Habitans, font les Loups, les Tigres, les Chiens sauvages, & les
Renards appellés *Jacals*. Lorsqu'un Loup entre dans un parc
à Moutons, ces animaux ont une

telle frayeur qu'ils se jettent dans
un coin, se serrant les uns contre les autres, ensuite montant
les uns sur les autres, de sorte
que pour une Brebis que le Loup
aura tuée, il y en a quelquefois
30 ou 40 étouffées ; il en est de
même des Tigres. Les Jacals n'attaquent guères que les Agneaux ;
mais les Chiens sauvages ne cou-
rent jamais que le jour. S'ils rencontrent un troupeau de Moutons, & si le Berger est endormi,
ou ne les apperçoit pas pour les
chasser, ils se jettent sur ces
pauvres bêtes, & en quelques
minutes ils en étranglent un très-
grand nombre. Le Loup attaque
quelquefois les jeunes Bœufs &
les jeunes Chevaux. Il arrive souvent qu'il emporte une bonne
partie de la queue d'un Bœuf :
mais à moins que le Bœuf ne soit
jeune, malade, ou trop affoibli

par le peu de nourriture que la
terre fournit dans les mois de
Janvier & Février , le Loup en
tue rarement. Pour le Lion il a
coutume de ramper à terre entre
les brouſſailles , & s'approchant
doucement d'un Bœuf juſqu'à
ce qu'il ſoit à ſa portée , il l'abat
d'un coup de patte , puis l'emporte ſur ſon dos ſans que rien traî-
ne par terre ; quelquefois il ſaute
dans les Kraats, & jette un Bœuf
par deſſus les murs.

Art. 12.

Le gibier le plus commun dans
le voiſinage du Cap, ſont, outre différentes eſpéces d'oiſeaux
de mer & de Poules-d'eau ,
le Cerf, qui différe de ceux d'Europe en ce que ſes cornes ne ſont
pas branchues ; elles ſont peu
hautes & recourbées vers le dos:
un grand nombre d'eſpéces de

Boucs ou Chevreuils, parmi lefquels les plus communs font les
Steinbocks & les Rebocks , les
Cochons de terre, les Porcs épics;
les Liévres , dont il y a deux ou
trois fortes. En oifeaux , ce font
les Autruches qui font en très-
grand nombre , les Corhans &
les Phaifans , les Perdrix , les
Cailles ; mais tous ces animaux
font tout au plus propres à mettre au pot : les Pigeons fauvages qui font meilleurs rôtis , les
Paons , les Oyes & les Canards
fauvages. On mange auffi les
Marmotes dont les montagnes
font couvertes : mais en général,
à la réferve du Steinbock , le
gibier n'y eft pas délicieux. Il en
eft de même du poiffon dont il
y a à peine quatre fortes de bons,
parmi lefquelles la meilleure eft
le Steinbraff. D'ailleurs on en
prend fort peu dans la Baye du
Cap.

Art. 13.

Il n'y a aux environs du Cap aucune efpéce de Perroquet ; il y a une efpéce de Singes qu'on appelle *Bavians*, qui font fort communs & en grand nombre fur ces montagnes ; ils ne fe laiffent approcher d'aucune maniere, & dès qu'ils apperçoivent quelqu'un en train de monter leurs montagnes, ils font un cri général qui dure une ou deux minutes ; après quoi on n'en voit plus, ou on ne les entend plus. Pendant les neuf jours de féjour que j'ai fait fur Rieber - Caftel, je n'en ai vu aucun ni entendu crier, excepté à mon arrivée. Cependant toute la montagne en eft couverte : on n'en trouve jamais dans les plaines & hors de leurs rochers : par-là on peut

juger de ce qu'on doit penser du
Conte que Kolbe nous fait fur
les Bavians qui viennent subti-
lement dérober les provisions
des Voyageurs. J'ai bien oui dire
aussi qu'ils viennent quelquefois
en troupes piller les jardins qui
font au pied des montagnes,
qu'ils mettent des sentinelles,
& qu'ils se jettent les uns aux autres les fruits qu'ils prennent;
mais supposé que tout cela soit
exactement vrai, les autres circonstances merveilleuses qu'on y
ajoûte, font purement imagi-
naires : au reste ils font ordinairement fort grands, & tels que
dressés fur leurs pieds de derrière
ils peuvent atteindre un homme
de taille médiocre au visage.
Quelques Habitans à la campagne en tiennent enchaînés à un
poteau ; mais ils ne leur donnent
jamais la liberté : lorsqu'on leur
N v

jette quelque chofe à manger,
comme du pain , des fruits ou
des légumes propres à faire des
falades, ils le faififfent avec une
avidité extraordinaire , & l'ayant
caffé avec leurs pattes de devant,
& broyé groffiérement avec les
dents, fans le mâcher, ils le font
paffer entre leurs dents mâche-
lieres & leurs joues, qui s'enflent
alors, & leur fervent de réfer-
voir : auffi-tôt qu'ils ont ainfi
amaffé tout ce qu'ils ont pu prendre , ils fe mettent à mâcher
tranquillement , & par petites
parties, ce qu'ils ont mis ainfi
en réferve ; & pour faire fortir
ce manger hors de leurs poches
ou joues, ils le preffent avec la
patte, ou bien ils appuyent leurs
joues contre l'épaule voifine.

Art. 14.

Le vin de Conftance qu'on

débite en si grande quantité en
Europe, doit être un vin bien
falfifié. Il n'y a que deux habitations contigues à Conftance
où le vrai vin croît, & dans les
meilleures années ces deux habitations ne peuvent fournir enfemble plus de 60 lécres de vin
rouge, & 80 ou 90 de blanc. La
lécre tient environ 600 pintes de
Paris ; année commune on compte en tout 120 lécres.

Art. 15.

Une des grandes incommodités du Cap pour ceux qui vou-
droient chaffer à cheval ou traverfer les plaines hors des chemins, ce font de longues gal-
leries fouterreines que font les
Taupes dans le fable. Votre cheval fléchit à chaque inftant, tantôt d'un pied, tantôt d'un autre,
quelquefois des deux à la fois

jusques aux genoux ; si l'on est
à pied , on tombe de même :
ces Taupes sont fort grosses &
de la taille d'un chat de quatre
mois, au lieu qu'en France elles
sont de la taille d'un chat naif-
sant. Les Lévriers sont dans ce
pays des animaux fort inutiles.

Art. 16.

Ce qu'on trouve dans Kolbe,
ou dans les Extraits ou Traductions qu'on en a à ce sujet,
de la maniere de prendre les
Elans, est véritable. À l'égard des
Steinbocks qui viennent souvent
dans les vignes, cet animal n'est
guères plus gros qu'un Renard
ordinaire : mais l'Elan est ordinairement plus gros que les plus
grands chevaux de Frise ; il pese
8 à 900 livres ; il est facile à tuer,
parce qu'il ne se défend pas. Un
Cavalier bien monté le poursuit

pendant un quart-d'heure ou une
demi-heure ; alors il eſt ſi fati-
gué qu'il s'arrête & ſe laiſſe approcher ; on lui tire un coup de
fuſil à la tête à bout portant. La
balle doit être de deux ou trois
onces , & moitié plomb & moitié étain. Le plus vigoureux
homme ne le perceroit pas avec
une excellente épée , tant ſa
peau eſt dure.

Art. 17.

Pour voyager avec quelque
agrément dans la partie qui eſt
au Nord du Cap , & dans les endroits qui ſont au-de-là des grandes chaînes de Montagnes qui
vont de la Fauſſe-Baye au Nord ,
il faut avoir une bonne proviſion
de vin , ne point l'épargner dans
les habitations où vous entrez
pour diner ou pour coucher ;
alors vous êtes toujours bien ve-

nu ; on vous prête volontiers
Chevaux, Bœufs, Chariots, Gui-
des, &c : fans cela on vous fait
maigre chere & pauvre mine :
le vin, l'eau de vie ou l'arrach
& le tabac, font ici le meilleur
paffeport qu'on puiffe avoir.

Art. 18.

Les Européens du Cap naturellement pareffeux, ne fe donnent
pas la peine de faire leur beurre
comme en Europe : dès que le
lait eft tiré, ils le mettent dans
une grande baratte ; ils atten-
dent pendant deux ou trois jours
que la baratte foit à-peu-près à
moitié pleine ; enfuite ils battent
le lait fans autre façon : auffi
le meilleur beurre du Cap n'eft
pas fi eftimé que celui qui vient
d'Europe.

Art. 19.

On fait au Cap de fort mauvaife bierre, foit ignorance, foit
pareffe, foit qu'on y emploie du
houblon gâté; car on ne fe fert
que de celui qu'on fait venir de
Hollande. Les riches habitans
achetent la bierre de Hollande
à trente écus la barrique de 180
médiocres bouteilles : ce qui revient à feize fols de France la
bouteille.

C'eft l'ufage ici & peut-être
en Hollande , que dans les
bons repas , on vous préfente
de la bierre après les deux ou
trois premiers coups de vin que
vous avez bu.

Art. 20.

On plante ici les vignes dans
les fonds, & les bleds fur les

hauteurs , lorſque les habitations
en ſont voiſines.

Art. 11.

Dans le commencement de
l'établiſſement de cette Colonie,
on a donné les habitations pour
rien ; elles comprenoient environ un lieue de terrein en quarré.
Les Gouverneurs s'étant mis enſuite ſur le pied de les vendre ,
& même bien cher , il a été réglé que ceux qui prendroient de
nouvelles habitations , paye-
roient à la Compagnie un écu
par mois; que celui qui voudroit
établir quelque pâturage pour
ſes beſtiaux , le terrein lui ſeroit
cédé pour ſix mois à un écu par
mois , ou pour un an à 12 écus.
A préſent la régle eſt que celui
qui veut établir une nouvelle
habitation , ſe ſoumette à payer
à la Compagnie , 24 écus par

an, qui font hypothéqués fur l'habitation même ; & celui qui vend
une habitation ou fa maifon ,
donne à la Compagnie le quaran-
tiéme du prix convenu.

Art. 22.

Les fourmillieres font extrêmement communes au Cap , fur-
tout dans le Swartland ; on ne
peut faire dix pas fans en trouver une : il y en a de fort groffes : j'en ai vu qui avoient bien
près de quatre pieds de bafe, &
plus de deux de hauteur : leur forme eft à-peu-près hémifphérique;
affez fouvent elle a la figure d'un
hémifphéroïde allongé. Quoiqu'elles foient faites dans du fable très-mouvant , elles font fi
dures qu'on ne peut les brifer fans
de grands efforts, & qu'un charriot chargé ne peut les écrafer.
On n'y voit aucune iffue. A la fin

d'Octobre & au commencement
de Novembre , les Fourmis y
ajoutent une nouvelle couche ,
tantôt au sommet , tantôt sur
un des côtés ; pour cela elles per-
cent quelques trous, & les recou-
vrent d'une nouvelle couche faite en forme de galeries ; cette
couche est long-tems sans durcir
comme le reste : elle a environ
un pouce d'épaisseur : ayant brisé
plusieurs de ces fourmillieres au
mois d'Octobre , j'y ai trouvé
une quantité prodigieuse de Fourmis encore blanches , d'autres
noires , & quelques - unes plus
grandes, avec des aîles blanches
& fort longues. Les Cochons de
terre font dans ces fourmillieres
sur un des côtés , un trou d'environ huit pouces de diametre,
& de six pouces de profondeur :
lorsqu'ils ont ainsi dépeuplé une
fourmilliere, elle reste ordinaire-

ment abondonnée ; mais quelquefois auffi les Fourmis la répa-
rent.

Art. 23.

La Colonie du Cap confifte
préfentement en trois Jurifdic-
tions & fix Paroiffes ; la premiere Jurifdiction eft celle de la
Ville du Cap qui n'a qu'une Pa-
roiffe, mais où le Confeil de Juftice décide & juge par appel : la
deuxiéme eft celle de Stellenbofch & Drakeftein, où il y a
un Landroft & des Confeillers
qui s'affemblent au Village de
Stellenbofch ; il y a quatre Paroiffes de fon reffort, celle de
Stellenbofch, celle de Drakeftein, celle du Swartland, & celle qui eft au de-là des Montagnes du Sable Rouge. La troifiéme Jurifdiction s'étend fur
tout le pays qui eft au-de-là de

la grande chaîne de Montagnes qui s'étend du Sud au Nord. Elle s'appelle la Schwellendham, du nom de M. Schwellengrebet, Gouverneur, prédécesseur de M. Tulbagh, qui a établi une Paroisse & un Conseil composé d'un Landrost, & de plusieurs Conseillers.

Art. 24.

Les plaintes des habitans du Cap contre le Gouvernement sont, 1°. de ce qu'on ne veut pas leur permettre de vendre leurs bleds aux étrangers. 2°. De ce qu'on ne veut pas leur laisser armer quelques Vaisseaux de côte, pour trafiquer dans le voisinage, & sur-tout pour aller chercher des bois de charpente & de menuiserie. 3°. De ce que l'intérêt de l'argent qu'on emprunte pour ses besoins est à six pour cent

avec deux bonnes cautions ; que
les frais des emprunts étant considérables à cause du papier tim-
bré & des droits du Conseil, les
prêteurs sont néanmoins en droit
de reprendre leur argent en aver-
tissant trois mois auparavant.
4°. De ce que les deux tiers des
habitans étant Lutheriens, on
ne veut pas leur permettre d'a-
voir des Ministres de cette Religion qu'ils s'offrent d'entretenir
à leurs dépens. 5°. De ce que
l'on souffre des Chinois bannis
de Batavia, qui ne vivent que
des vols que font les esclaves ; ils
achetent les vols & les reven-
dent.

Art. 25.

Les habitans du Cap ne prennent aucun soin de l'instruction de
leurs esclaves qui sont un mêlan-
ge de Payens, de Mahométans,

& de quelques Chrétiens. On ne leur parle jamais de religion ; & ceux qui sont nés dans le pays n'en n'ont aucune idée, qu'autant qu'ils voyent leurs maîtres s'assembler dans les Eglises : aussi tous ces esclaves sont-ils extrêmement adonnés à toutes sortes de vices : les filles sur-tout sont des plus effrontées, elles ne veulent pas se marier ; mais après avoir été le jouet des blancs dans leur premiere jeunesse, elles s'abandonnent à toutes sortes de personnes qu'elles agacent publiquement dans les rues : ce désordre occasionne un grand nombre de batteries, & même des assassinats causés par les jalousies ; ce qui joint à l'abondance du vin, de l'arrach & de l'eau-de-vie, fait qu'il y a peu de maisons dans lesquelles il n'y ait presque tous les jours tapage. Lorsque

quelque maître veut affranchir
un esclave, on le baptise, puis
on le reçoit Bourgeois ; mais ce
cas est assez rare, parce que le
Maître est alors obligé de con-
signer 500 écus à l'Eglise pour
l'entretien de ce Noir, en cas qu'il
ne puisse gagner sa vie. La raison
qu'ils rendent de ce qu'ils n'ins-
pirent aucun sentiment de religion à leurs esclaves, c'est que
ceux de la Compagnie font instruits par des Catéchismes qu'on
leur fait à certains tems & jours,
& que cependant ils font encore
de plus grands scélérats que les
esclaves des Bourgeois. Mais si
l'on fait attention à la maniere
dont ces instructions font faites,
& à ce que les enfans, au fortir
de-là, font envoyés à la loge avec
leurs meres qui vivent dans le
plus affreux défordre ; tellement
que les Soldats & Matelots, &

même les autres Noirs, y font continuellement en débauche, & que le prix de la plus belle n'eſt que de deux eſcalins ; on peut bien juger que les bonnes intentions de la Compagnie font bien mal fuivies , & qu'il feroit à défirer que l'on n'inſtruiſît pas plus les enfans des Noirs de la Compagnie , que l'on ne fait ceux des Bourgeois , à qui l'on n'inſpire que la crainte du fouet,

NOTES

NOTES

ET

REFLÉXIONS CRITIQUES.

O

NOTES

ET

RÉFLÉXIONS CRITIQUES

SUR LA DESCRIPTION

DU CAP

DE BONNE - ESPERANCE,

PAR PIERRE KOLBES.

Remarques préliminaires fur l'Ouvrage & fur la perfonne de Pierre Kolbes.

» LA defcription du Cap de
» Bonne - Efpérance par
» Pierre Kolbes, a rendu célébre
» le nom de cet Ecrivain , dans
» la République des Lettres.
» M. l'Abbé de la Caille ayant
» acheté, à fon départ pour le

O ij

» Cap , l'Ouvrage de Kolbes ,
» comme un guide affuré, fut
» très-furpris , en arrivant fur les
» lieux, de voir que la Relation
» de Kolbes portoit à faux dans
» prefque toutes fes parties ,
» & qu'au lieu d'une defcription
» exacte, l'on n'avoit dans les
» trois volumes de cet Auteur,
» qu'un Roman tiffu de fables.

» La franchife févère, dont M.
» de la Caille faifoit profeffion,
» l'indifpofa beaucoup contre le
» procédé de Kolbes. Il fit des re-
» cherches fur fa perfonne , &
» fur les caufes qui avoient don-
» né lieu aux erreurs répandues
» dans fon Ouvrage. Il apprit les
» particularités , qui font fe-
» mées dans plufieurs endroits
» de ce Recueil ; & il a fait part
» de ce qui fuit , à plufieurs de
» fes amis, en converfant avec
» eux , quelques années avant
» fa mort.

» Le terme de la miſſion de
» Kolbes étant preſque expiré,
» il ſe trouva que pendant ſon
» ſéjour au Cap, il n'avoit fait
» que boire & fumer. Ne ſçachant
» que rapporter en Europe, &
» que montrer pour fruit de ſon
» voyage, il s'adreſſa à quelques
» Habitans du Cap, qui profite-
» rent de l'occaſion, pour leur
» propre utilité, & pour la ſien-
» ne. Ces Habitans avoient eſ-
» ſayé pluſieurs fois, toujours
» ſans ſuccès, de faire parvenir
» leurs plaintes en Hollande,
» contre la mauvaiſe adminiſ-
» tration de la Colonie du Cap.
» Les Mémoires qu'ils avoient
» envoyés aux Etats de Hollande,
» à ce ſujet, avoient été tous in-
» terceptés, & la Colonie conti-
» nuoit de gémir ſous l'oppreſ-
» ſion.

» Ils imaginerent de dicter à
» Kolbes une deſcription du

» Cap ; & afin de la rendre plus
» intéreffante en apparence , ils
» raffemblerent les opinions po-
» pulaires , & en impoferent à
» Kolbes lui-même , qui ne con-
» noiffoit pas le pays , par une
» infinité de traits merveilleux
» qu'ils avoient imaginés à plai-
» fir. Ces oracles de Kolbes pri-
» rent auffi beaucoup de chofes
» dans la compilation de M.
» Grevenbroeck , dont il a déja
» été parlé ; ils ne s'oublierent
» pas dans le cours de l'Ouvra-
» ge ; ils y inférerent des Mémoi-
» res fur le Gouvernement du
» Cap , dans lefquels ils expo-
» foient toute l'iniquité de ce
» Gouvernement, & indiquoient
» les moyens d'y remédier. Ces
» chofes expofées par un étran-
» ger, pouvoient devenir publi-
» ques fans compromettre per-
» fonne.

» Kolbes , enchanté du fervice

» qu'on lui rendoit, partit du
» Cap avec cet Ouvrage. Il le fit
» imprimer en Hollande, com-
» me *traduit de l'Allemand.* L'Ou-
» vrage fut lu avec une avidité
» surprenante. L'édition fut épui-
» sée en peu de tems, & le Gou-
» vernement de Hollande frappé
» de ce qu'on y racontoit sur les
» affaires du Cap, fit des in-
» formations qui se trouverent
» conformes au rapport de Kol-
» bes. On rappella les principaux
» Officiers de la Colonie du Cap,
» & l'on sévit contr'eux à leur
» retour d'Afrique.

» Les Libraires d'Amsterdam,
» témoins du succès de l'Ouvra-
» ge de Kolbes, le firent traduire
» en François ; mais ils en re-
» tranchèrent tout ce qui avoit
» rapport au Gouvernement &
» aux affaires publiques de la Hol-
» lande, & ne publièrent que la
» description merveilleuse con-

» tenue dans le gros Ouvrage. La
» traduction excita d'abord la
» curiosité de tous ceux qui ai-
» ment à se repaître d'histoires
» extraordinaires. Mais on ne tar-
» da pas à reconnoître la fausseté
» des faits.

　» M. de la Caille a achevé de
» décider du sort de cet Ouvra-
» ge, par ses Remarques criti-
» ques, & par ses Observations
» sur les mœurs des Habitans du
» Cap. »

Notes & Réflexions de M. l'Abbé
de la Caille sur l'Ouvrage de
Kolbes.

Tome 1 ; Préface, p. 2 & 3.

Les Notes suivantes feront
voir combien il en faut rabattre
des choses magnifiques que pro-
met le Traducteur, qui compte
sur la bonne-foi de son Auteur,

page 5. Kolbes n'a pas appris le langage Hottentot : il l'avoue lui-même : il n'a fait aucun voyage parmi les Hottentots hors des limites de la Colonie : il n'a pas même voyagé dans l'étendue de la Colonie : tous ses voyages se sont bornés à celui de la Ville du Cap, aux Paroisses de Stellenbosch & de Drakestein , & à un voyage aux Eaux-chaudes , qui sont un peu au de-là du Canton appellé *Hottentot-Holland.*

CHAP. III, ART. IV.

Les Hollandois ne firent ni ne pouvoient faire un Traité en forme avec les Hottentots. Van-Riebeck leur donna quelques grains de verre , quelques morceaux de fer & de cuivre rouge ; il les enivra d'eau de vie , ou d'arrack, dans quelques assemblées qui se firent : le tout ne monta pas à 1000 florins ; mais

O v

il en mit, felon l'ufage, 4000 fur
le compte de la Compagnie.

CHAP. IV.

Ce qui eft dit ici de la longitude & de la latitude du Cap de
Bonne - Efpérance , doit faire
fentir à ceux qui voient comme
cet article eft traité, que l'Auteur
n'étoit guère capable de les bien
déterminer. La latitude que l'Auteur a prife étoit celle qu'on fçavoit alors par tradition 34° 15′ :
elle eft réellement de 33° 55′ à
la Ville : la longitude de Kolbes
eft celle des Jefuites : il la met
de 37° 55′ , à l'égard du Pic
de Ténérif : la véritable eft de
35° 2′.

CHAP. V

Tout ce que Kolbes va dire
dans la fuite de ce Livre, eft tiré
des Mémoires d'un certain Grevenbroeck, Secrétaire du Confeil

du Cap , lequel avoit mis par
écrit ce que les Hottentots, qu'il
avoit vus, avoient répondu à ses
queſtions. On peut bien croire
que cette ſorte de connoiſſance
ſur les mœurs & uſages de ces
Peuples devient par-là fort équi-
voque. Ces Hottentots avoient
appris à leurs dépens à ſe défier
des nouveaux venus : leurs réponſes ne doivent être guère ſin-
ceres. Kolbes , qui n'a pas fré-
quenté ces Peuples , étoit encore
moins à portée que Grevenbroeck,
de vérifier leurs réponſes. Ces
Remarques doivent nous guider
dans la ſuite : en conſéquence
j'indiquerai de tems en tems les
faits qui m'ont paru fort ſuſpects,
ſelon l'idée que j'ai pû me faire
de ces Peuples. La tradition des
Hottentots ſur le péché originel,
& même celle de leur origine de
Noé , & de leur ſortie de l'Ar-
che , doivent paroître plus que
ſuſpectes. O v

Dans le même Chapitre, page 50 & 51, la langue des Hottentots n'est pas une espéce de monstre entre les langues : elle m'a paru seulement avoir deux voyelles de plus que celles de l'Europe : ces deux voyelles font exprimées, l'une par un claquement de langue, & l'autre par un froissement d'air entre la langue & le palais : c'est tout ce que j'ai pû tirer d'un Hottentot que j'ai interrogé & fait parler plusieurs fois.

CHAP. VI, ART. III.

Comment les Hottentots peuvent-ils entendre l'Agriculture mieux que les Européens ; puisque c'est un art qu'ils n'ont jamais voulu pratiquer, ni même imaginé de pratiquer ?

ART. IV.

Les Hottentots qui font répan-

dus dans la Colonie ne font pas
plus fages que les efclaves Négres : les filles Hottentotes s'é-
chappent très-fouvent de leurs
maifons paternelles pour venir
fervir dans les habitations Euro-
péennes : elles aident à la cuifine,
& fervent d'amufement aux
Noirs : ces filles ne font pas naturellement voleufes ; cependant
il faut bien enfermer le vin &
l'eau-de-vie, dont elles font extrêmement friandes.

CHAP. VII, ART. V, P. 108.

Il eft certain qu'il y a à l'Eft-
Nord-Eft du Cap, environ à 150
lieues, une nation qu'on peut appeller blanche en comparaifon
de tous les peuples voifins ; ils
ont les cheveux longs, & ne font
pas plus bafanés que les Chinois
qu'on voit au Cap exilés de Batavia : c'eft ce qui leur a fait
donner le nom de petits Chi-

nois , par les Européens du Cap.

CHAP. VIII.

Les Hottentots qui font au
fervice des Européens, ne gardent
les habillemens de leur pays que
lorfque l'on ne leur en donne
pas d'autres. Ils aiment autant à
être couverts de haillons de toile
bleue , que de leur peau de mouton : les femmes qui peuvent
avoir un mouchoir pour s'en couvrir la tête , à la façon des esclaves , font fort glorieuses.

ART. II.

Les plus belles franges font
des grains de verre enfilés à un
fil attaché par un bout : il n'y a
pas long-tems que nous avions
pris cette mode Hottentote , &
que nous étions en cela du goût
des Hottentots.

Les ornemens des Hottentots,
par exemple , leurs bracelots,

colliers, les courroies aux jambes des femmes, font groſſiére-
ment fagotés & ajuſtés : il faut
bien rayer des hyperboles dans
ce Chapitre.

PAGE 122.

L'Auteur ſe contredit au ſujet des pendans d'oreilles. J'en
ai vu de réels, non pas faits de
noire de Perle, qui n'eſt guère
connue au Cap ; ce n'étoit autre
choſe que des petits korits.

CHAP. IX.

Les noms de diverſes nations
Hottentotes, qui ſont rapportés
ici, ont pu exiſter du tems de
Grevenbroeck : la multiplication
des Colons Européens en a fait
retirer un grand nombre ; une
furieuſe maladie épidémique en-
leva en 1713 preſque tous les
Hottentots voiſins du Cap, un
grand nombre de Noirs eſclaves,

& même beaucoup de Blancs.
Depuis ce tems-là aucune nation
Hottentote n'a fait Corps, ou
n'a eu de Gouvernement régu-
lier dans toute l'étendue de la
Colonie : ceux qu'on y trouve
font ou au fervice des Européens,
ou ce font quelques familles à qui
des Européens permettent de refter fur leur terrein ; de forte que
ces noms font à préfent incon-
nus au Cap, à la réferve de
quelques-uns. Il paroît, au refte,
qu'il y a dans ce Chapitre beaucoup d'exagération. Tout le pays
depuis le Cap en allant au Nord,
jufques bien loin au-delà de la
Baye Sainte - Hélene, eft fec,
fablonneux & prefque inhabitable, à la réferve d'un très-petit
quartier appellé en Hollandois
le *Groëne-Kloof* : comment donc
neuf ou dix nations Hottentotes
pouvoient-elles y faire leur féjour
& y fu bfifter ? Vu la connoiffan-

ce que j'ai de ces lieux, cela me
paroît impossible, à moins que
chacune de ces nations ne fût
réduite à un simple kraal ou
village.

ART. XVII.

Les Buschiesmans sont la plupart ceux des Hottentots, à qui
les Européens ont enlevé les
bestiaux. Les Hottentots, qui
sont au service des Européens,
s'entendent quelquefois avec eux
pour les aider à voler les Blancs.
Je n'ai pas eu d'éclaircissement
sur le Chapitre 10.

CHAP. II, ART. I.

Les causes ordinaires des guerres sont, ou pour s'emparer d'un
meilleur terrein, où pour pour-
suivre un meurtrier, & aller piller ses troupeaux. Leurs guerres
ne sont que de vraies irruptions.

CHAP. XII.

Il paroît conftant par le rapport unanime de ceux qui connoiffent bien les Hottentots,
qu'ils ne reconnoiffent pas un
Dieu, à qui il faille rendre quelque culte. Ils n'ont aucune idée
de prieres : ils craignent feulement quelques Puiffances malfai-
fantes auxquelles ils attribuent
tous les malheurs qui leur arrivent,
& qu'ils croyent d'intelligence
avec les forciers. Il y a grande
apparence que leur extrême in-
dolence leur a fait oublier la tradition de leurs ancêtres fur cet
article. Car un Hottentot met
fon fouverain bien à ne rien faire, même à ne penfer à rien.

PAGE 107.

Les danfes des Hottentots à
la Pleine-Lune ne font pas un
culte ; c'eft un ufage. Une grande

partie des nations d'Afrique, de Madagafcar, & même d'Afie, quoique Idolâtres ou Mahometanes, danfent au clair de la Lune, lorfqu'elle eft pleine.

PAGE 209.

Ce que dit Kolbes de l'Infecte qu'on appelle le *Dieu des Hottentots*, n'eft fondé fur aucune vraifemblance. On fçait feulement que cet infecte eft regardé par les Hottentots comme un animal de mauvais augure : il eft affez rare dans les campagnes ; on le trouve plus fouvent dans les jardins des Européens : il eft fort commun à nos Ifles de France & de Bourbon.

PAGE 219.

Kolbes fe vante ici d'une rufe dont fe fervit autrefois un Gouverneur du Cap, nommé Adrien-Vander-Stel, pour fe concilier

le respect des Hottentots dans
une grande assemblée de ces
Peuples : à quoi l'on peut ajou-
ter, qu'on dit que ce même Van-
der-Stel faisoit allumer pendant
la nuit devant sa tente un flam-
beau auquel étoient attachés de
petits petards qui s'allumòient
de tems en tems, & s'en alloient
crever au loin à droite ou à gauche.

CHAP. XVI, PAGE 281.

Comme les Bavians ne quittent pas les montagnes qui leur
servent de retraite, je doute fort
qu'ils ayent appris aux Hottentots à distinguer les plantes &
fruits salubres. Je crois que ceci
est un simple bruit populaire.

PAGE 285.

Le Canna est tout-à-fait différent du Ginseng. J'ai vu l'un &
l'autre : ils n'ont aucun rapport
ensemble.

PAGE 293, ART. VII.

Les Hottentots font infuser
dans de l'eau, puis fermenter une
racine qu'ils cueillent aux mois de
Novembre & de Décembre ; ils
y mettent du miel qu'on ramaffe
auffi dans les rochers pendant
ces mois : ils s'enyvrent de cette
liqueur, & tant qu'elle dure, ils
font abfolument incapables de
quoi que ce foit au monde ; à peine reviennent-ils de l'affoupiffement que la boiffon leur a caufé, qu'ils en boivent encore.
Quand la provifion eft épuifée,ils
reftent long - tems malades. La
diette forcée les rétablit.

PAGE 300.

On ne dit pas bien ici comment les Hottentots font du feu.
Ils mettent un brin d'herbe féche
dans un trou rond fait dans leur
kirri ou bâton ; ils font enfuite

tourner dans ce trou un morceau
de bois qu'ils font rouler entre
leurs mains avec vîtesse,

CHAP. XXII.

En général, il n'y a pas de
métier particulier chez les Hottentots, chacun y fait ce qu'il
a besoin ; aussi, quoiqu'en dise
notre Auteur , les chefs-d'œuvre
qui sortent de leurs mains ne
sont-ils rien moins qu'admira-
bles. Leurs nattes, par exemple ,
ne sont qu'une enfilade d'une espéce de jonc, dont chaque brin
est placé parallelement , & tra-
versé dans son épaisseur par cinq
ou six fils ou cordons de jonc.
Il n'est pas vrai qu'ils fondent
du fer ; & le procédé que l'Auteur rapporte, vient de Madagafcar : ils ne fondent pas non plus
le cuivre ni aucun autre métal,

CHAP. XXIV, PAGE 405.

Ce que l'Auteur dit ici fur l'application des ventoufes, n'eſt vrai qu'à l'égard des eſclaves Indiens qui les appliquent de cette forte : les Hottentots n'y avoient jamais fongé.

TOME II.

Les Cartes qui font à la tête de ce Tome font très-peu exactes ; elles femblent faites par un homme qui ne connoîtroit le pays que par oui-dire, & fur le rapport de gens peu inſtruits. On ne trouvera pas ceci exagéré en liſant les Notes fuivantes, & en comparant ces Cartes à celle qui eſt dans les Mémoires de l'Académie de 1751, dont les principaux points ont été levés géométriquement.

PAGE 6.

Les maisons de la Ville du Cap sont couvertes d'un jonc fort & gros, à-peu-près comme celui qui croît dans nos marécages, ou bien elles sont algamassées de deux couches de briques & de chaux.

PAGE 13.

La maison de Constantin est dans un fond, & n'a pas de vue; elle est au Sud & non au Nord-Ouest.

PAGE 15.

Ce qu'on dit du nuage qui couvre les Montagnes du Tigre, est absolument faux : ces montagnes méritent à peine ce nom; elles sont fort basses , comme celles des environs de Paris : la Montagne-Bleue est à peine à quatre lieues du Cap ; ce sont

deux

deux petites montagnes éloignées l'une de l'autre de deux lieues , isolées d'ailleurs , & trop peu spacieuses pour servir de retraite aux Eléphans.

PAGE 16

La Fausse Baye est bornée au Nord d'une longue plage de sable, marécageuse , & sans montagne, quoique l'Auteur dise le contraire ici & à la page 43 , & même sur sa Carte.

PAGE 19.

La hauteur de la Table est de plus de 3350 pieds du Rein ; j'en ai trouvé 3353 à la pente Occidentale qui n'est pas si élevée que le milieu de la montagne : dans l'ouverture de la montagne à peine trouve-t-on quelques chétifs arbres : ce creux n'est pas formé par la chûte des eaux , puisque la pente de la

P

montagne eſt vers le Sud , &
que ce creux eſt couvert d'Ar-
buſtes : il n'y a qu'un ruiſſeau
qui s'y précipite. Ce qu'on appelle le Paradis & l'Enfer , ce
ne ſont pas deux Grottes , mais
deux Vallons aſſez profonds au
Sud de la Montagne de la Table couverts de bois , que la Compagnie s'eſt réſervés : la difficulté
d'aller chercher ce bois dans l'un
de ces Vallons l'a fait appeller
l'Enfer , & la facilité de le prendre dans l'autre l'a fait appeller
le Paradis. A l'entrée de celui-ci,
la Compagnie a un jardin & une
maiſon.

PAGE 21.

Le nuage qui s'éleve ſur la Table eſt un préſage du vent de
Sud-Eſt qui , quoique violent , ne
forme pas de tempête , & ne
ſubmerge pas les Vaiſſeaux , comme l'Auteur le reconnoît aux
pages 143 & 156 du même

Tome : ainſi il y a là une contradiction.

PAGE 22.

Le Monument de M. Goens
n'a été élevé que ſur la croupe
du Lion où la montagne eſt baſſe & facile à monter : la tête
du Lion eſt comme inacceſ-
ſible.

PAGE 27.

La Montagne du Diable n'eſt
ſéparée de la Table que par une
cavée peu profonde ; elle n'eſt
plus baſſe que le ſommet voiſin
de la Table que de trente - une
toiſes, & ſon pied eſt à plus d'un
quart de lieue de la mer.

CHAP. II, PAGE 30.

Il y a tout au plus 9000 toiſes
de diſtance entre la Baye de la
Table & la Fauſſe-Baye ; ce qui
fait à peine trois milles d'Allemagne.

Page 50.

Ce que l'Auteur dit de la figure du nuage & des vents par rapport aux Montagnes de Stellenbosch, est absolument faux : tout s'y passe comme sur la Montagne de la Table : mais les observations météorologiques que j'ai faites au Cap, & qui sont rapportées dans les Mémoires de l'Académie, année 1751, contredisent tout cela.

Chap. iii, Page 61.

Le district du Drakeistein n'est pas si étendu que les dix-sept Provinces des Pays-Bas, puisqu'il y a à peine 30 lieues du Cap au Piquet-Berg où se termine ce district, & que la largeur de ce district entre la mer & les montagnes est tout au plus de douze lieues.

PAGE 64.

Ce que l'Auteur dit ici de la Riviere des Montagnes ou Berg-Riviere est absolument faux : il y a quelques bonnes habitations vers le commencement de son cours aux environs de la Paroisse de Drakeistein ; mais ensuite elle traverse une vaste pleine de sable presque inhabitable , & va se décharger dans la partie Sud de la Baye Sainte-Hélene , & non pas au-delà & plus au Nord que cette Baye , comme l'auteur le met dans sa Carte, & après un cours de 40 lieues tout au plus , & non de 100 lieues.

PAGE 69.

Ce que l'Auteur dit de la hauteur de la Tour de Babylone est faux ; c'est un très-bas monticule auprès duquel un Habitant s'étant établi, a donné à son habitation, & au monticule qui y est renfermé, le nom de la Tour de Babylone.

Page 70.

Riebeck-Castel est une montagne ainsi appellée, parce qu'elle a été le terme des découvertes de Van-Riebeck, premier Gouverneur au Cap : on n'y a pas bâti de Fort ni placé de canon, comme l'Auteur le dit. Les habitations sont au pied & non sur cette montagne.

Page 74.

L'Auteur met la Montagne du Piquet à huit journées du Cap : il y en a trois ou quatre au plus : on y va facilement en deux.

Les deux aventures de l'Auteur, page 77 & 78, me sont fort suspectes, sur-tout celle de la rencontre de onze Lions : il n'en

faudroit pas une troupe plus nom-
breufe pour faire déferter la Colonie : le bruit d'un Lion dans le
voifinage met tout le monde en
alerte.

CHAP. V, PAGE 116.

Ce qu'on dit ici, de la queue
des Moutons eft exagéré : elles
font ordinairement de figure
triangulaire, plattes, la graiffe
s'étendant à droite & à gauche
le long des vertebres de la queue :
la pefanteur ordinaire eft de trois
à quatre livres, au plus cinq ou
fix : une queue qui peferoit douze
livres feroit fort extraordinaire,
& l'on tient que la chair du
mouton ne vaudroit rien.

CHAP. VIII.

Ce qu'on dit ici, page 129,
que les graines d'Europe dégénerent eft faux, à l'égard de la
plûpart : au contraire, les graines

qu'on apporte du Cap à nos Isles y sont plus estimées que les graines d'Europe.

PAGE 130.

Il n'y a au Cap que très-peu de fruits des Indes : le plus commun est la Gouyave ; les Bananes n'y valent rien , ni les Ananas : des fruits d'Europe il n'y a que la Pêche , l'Abricot , la Figue , le Coing & le Raisin qui soient excellens ; les autres , comme les Pommes , les Poires , les Prunes , les Noix , les Oranges , n'y valent pas grand'chose.

PAGE 132.

Je ne m'amuserai pas à réfuter en détail ce que Kolbes dit ici du Jardin de la Compagnie ; il paroît cependant qu'il a été autrefois plus beau qu'il n'est à présent : mais Kolbes ne doit pas l'avoir vu dans ce premier état ;

·I n'y a aucune reſſemblance ,
tout y eſt exagéré à outrance.
Ce qu'on en peut dire en général , c'eſt que c'eſt un aſſez beau
potager , long de près de mille
pas & large de 260 , partagé en
44 quarrés , entourés d'une haute
charmille de Chêne ou de Lau-
rier. De ces quarrés, deux ſont
deſtinés à ſervir de parterre au
logement du Gouverneur , &
un autre eſt rempli par trois ber-
ceaux de Châtaigniers ; le reſte
contient des légumes & aſſez peu
d'arbres fruitiers;ce jardin n'eſt ar-
roſé que par quelques foſſés d'eau
vive, & une ou deux rigoles pra-
tiquées en dedans du jardin.

CHAP. IX, PAGE 163.

Ce que l'Auteur dit ici du mal
d'yeux fort commun au Cap ne
ſe trouve plus, s'il a jamais été. Il

P v

est vrai qu'il en a été fort incommodé, à force de boire, dit-on.

PAGE 177.

La goutte est fort commune
au Cap aussi bien que la pierre
& la gravelle : l'Auteur dit ici le
contraire.

PAGE 178.

Les Habitans de la Ville du
Cap se donnent entr'eux fort peu
ou point du tout de repas. Leur
usage est de s'assembler tous les
soirs depuis cinq heures jusques à
neuf pour fumer, jouer & boire
sans manger.

CHAP. XI.

On n'a pas encore reconnu
de mines riches au Cap : on a fait
beaucoup de dépenses pour en
exploiter une qu'on croyoit d'or
dans la Montagne appellée *Si-
monsberg*, qui sépare le Stellen-

bosch du Drakeistein ; mais tout
s'est évanoui en fumée.

CHAP. XII, PAGE 206.

L'Auteur n'a été qu'une seule
fois aux bains qui sont derriere
les Montagnes de la Hollande
Hottentote.

CHAP. XIV.

Ce que l'Auteur dit de la couleur de l'eau de la mer est ridicule. Par-tout où la mer est fort
profonde & sans fond, comme
disent les Marins , elle a une
couleur de bleu noir. Dès qu'elle
cesse d'être profonde , comme
sur les bancs & près des côtes, &
qu'elle prend une couleur de verd-
sale, c'est une marque infaillible
pour connoître qu'on a fond.

PAGE 236.

Le phénomene rapporté ici
paroît fort suspect , & la préci-

fion des calculs que l'Auteur ajoute pour en dater les circonf-tances, eft ridicule.

CHAP. XV.

Tout ce Chapitre eft fi plein de bévues que je ne puis les ré-futer en détail ; je fuis contraint de renvoyer le Lecteur à ce que j'ai dit dans l'Article des Obfer-vations diverfes que j'ai faites au Cap, inférées dans les Mémoires de l'Académie, année 1751.

TOME 3, CHAP. I, PAGE 6.

Je n'ai jamais entendu parler au Cap du Léopard ni de la Pan-there.

PAGE 20.

L'Auteur adopte ridiculement ce qu'on a dit autrefois fur la cor-ne du Rhinoceros.

CHAP. III, PAGE 23.

Les Chevaux dreffés pour

monter fe vendent fort cher :
par exemple , 4 , 5 , ou 600 livres, à proportion de leur force
& de leur hauteur : il n'y a que
ceux qui ne fervent qu'à fouler
le grain qu'on vend fort bon
marché.

PAGE 34.

La dent du plus grand Hyp-
popotame pefe à peine trois liv..

CHAP. IV, PAGE 38.

Ce que l'Auteur dit ici de la
maniere de prendre les Elans eft
d'autant plus ridicule , que cet
animal pefe jufqu'à huit & neuf
cens liv. & qu'il n'y a prefque pas
d'arbres dans la Colonie : que
ceux qu'on y trouve font fort
tendres & fort poreux. On pratique à la vérité cette forte de
chaffe pour attraper une forte
de Dain d'une grandeur fort mé-

diocre, & qui pefe 20 à 25 livres, qu'on appelle *Steinbock*.

CHAP. VI.

Ce que l'Auteur dit des vols des Babouins eſt un vieux conte ufé d'autant plus ridicule, que ceux du Cap ne s'écartent jamais des montagnes où ils ont leur retraite : il eſt vrai qu'ils pillent quelquefois les jardins en troupe ; mais les circonſtances qu'on en raconte font fort fuſpectes : je n'ai connu perſonne qui m'ait dit les avoir vus.

PAGE 72.

Le Blaireau puant reſſemble plus à un Chien qu'à un Furet : il ne puc pas quand il eſt mort, à moins qu'il ne ſe corrompe.

PAGE 75.

On ne mange des Tortues de terre au Cap que dans la deſ-

niere néceflité : elles pefent rarement plus de trois livres, au lieu
que celles de l'Ifle Rodrigue qui
font excellentes, pefent 30 à 40
ou même 50 livres. J'en ai vu une
qui pefoit plus de 100 liv.

CHAP. X, PAGE 110.

La propriété qu'on attribue
ici au vent du Sud-Eft, de chaffer les puces, eft finguliere : elle
ne mérite pas d'être réfutée.

CHAP. XII, PAGE 133.

Je n'ai jamais vu d'autres Ha-
rengs au Cap que ceux qu'on apporte d'Europe, falés, & qu'on y
eftime beaucoup.

CHAP. XV.

Ce qu'on dit, page 158, des
Squélettes nétoyés par les Aigles
eft exagéré. J'ai vu des carcaffes
rongées par des Aigles où elles

avoient laiffé feulement une partie de la peau.

Chap. xvi, Page 166.

La volaille n'eft pas à fi bon marché à proportion que la viande de boucherie. On donne quatre Poules ou Poulets pour une piaftre qui vaut 102 fols, & pour la même fomme on a 17 livres de viande de boucherie , quelquefois 36 livres.

Page 170.

Les Autruches ne fe laiffent jamais approcher ; il eft faux qu'on puiffe aller toucher à leurs œufs fans les effaroucher.

Page 171.

Je n'ai vu pendant les deux hivers que j'ai paffés au Cap aucune efpéce d'Hirondelle.

Page 188.

Les Allouettes du Cap font

St. Helens Baay

Berg Riviere

Swarte Land

Sal Danha Baay

Dassen Eyland

CARTE
du Cap
de Bonne Esperance
et de ses Environs.

Robben Eyland

Tafel Baay

Bottellary

Frans Hoeck

Stellenbosch

Hottentots Holland

False Baay

Romans Klip

Simons Baay

Duffels Baay

Hanglip ou cap Falso

Cap de Bonne Esperance

d'une espéce différente des nôtres.
Elles s'élevent perpendiculaire-
ment à dix ou douze pieds de
hauteur , faisant beaucoup de
bruit avec leurs aîles ; puis elles
retombent subitement en faisant
un petit cri. Elles ne restent jamais en l'air.

PAGE 193.

Le Cnorhan est une espèce
de Gelinote qui a coutume de
crier pendant le tems qu'il vole
assez pesamment : son cri ne fait
pas fuir le gibier ; sa chair est assez
bonne pour faire de la soupe.

PAGE 196.

Ce qu'òn dit ici des Sentinelles des Grues seroit impossible
à exécuter dans presque tous les
endroits que les Grues fréquentent au Cap. Les marécages sont
presque tous dans des sables où
il faudroit faire plus d'une lieue
de chemin pour y trouver la
moindre pierre.

Fin des Notes Critiques.

Additions & Corrections.

MAlgré l'attention qu'on a apportée à l'impreffion de ce Recueil, on a laiffé échapper plufieurs fautes, & l'on a fait quelques omiffions.

Quoique la plûpart des fautes d'impreffion ne foient pas confidérables, on a cru devoir les réformer ici. Le premier Numero marque la page, le fecond la ligne. 50. 17. après brillantes étoiles, *ajoutez*, dont une de la premiere grandeur. 51. 1. par leur figure, *ajoutez*, & un grand nombre de nébuleufes. 68. 19. premier mot, lifez, *le*, au lieu de *les*. 81. 1. *lifez* Ptolémée. 88. 1. le mot de la derniere ligne doit être écrit *tutus*. 97. 27. *ces* au lieu de *fes*. Supprimer les deux dernieres lignes, & marquer que *gris* eft un terme Hottentot, qui fignifie un chien. Le premier Hottentot que vit M. de la Caille appella ainfi fon chien. 104. 1. *Devis* au lieu de *Bevis*. 159. 7. Il y a plufieurs manieres de prendre les Eléphans, dans des parcs, par le moyen d'une femelle, par des chauffe-trappes, des piéges, des foffes couvertes, &c. Il n'eft ici queftion que

de la chafie. 171. 5. *lifez* Allemandes &
Hollandoifes.: 77.7. Supprimer les deux
points. 224. 7. lifez *les* au lieu de *ces.*
235. 11. comme on y met. 239. 23.
lifez abondans. 245. 1. L'Ifle Bourbon. ligne 10. Saint Denis & Sainte Su-
zanne. 271. 22. Contrafte du Gouvernement. 282. 3. *lifez* Gouyave. 316. 22.
mois au lieu d'années.

    L'on a été obligé d'ôter de l'A-
vant-Propos un article, où l'on faifoit connoître la maniere obligeante
avec laquelle MM. Maraldi & de La-
lande ont procuré, pour la compofi-
tion de ce Recueil, toutes les facilités
qui ont dépendu d'eux.

    On a fait graver, pour fervir d'é-
claircifement au Difcours Hiftorique,
une Carte de l'Hémifphere Auftral.
Ce Planifphere a déja paru dans les
Mémoires de l'Académie. On le donne
ici avec quelques changemens & quelques additions Cette figure de Planifphere fe vend féparément chez
le Libraire où fe trouve ce Recueil.

    |Ce Planifphere ne contient pas les
dix mille Etoiles que l'illuftre Aftronome a obfervées : on ne donne ici que
les plus remarquables. Ce Catalogue

immenſe eſt la matiere d'un Planiſphere que M. de la Caille a fait deſſiner en grand par une main habile, & qui eſt actuellement dépoſé dans la ſalle de l'Académie des Sciences.

TABLE

DES MATIERES

Contenues dans ce Volume.

A

C.

                       7

Q

Q ij

G.

H.

Q v.

I.

K.

L.

M.

S.

T.

V.

FIN.

APPROBATION.

J'Ai lu, par ordre de Monseigneur le Chancelier, un Manuscrit intitulé, *Journal Historique du Voyage au Cap de Bonne-Espérance*, *par M. l'Abbé de la Caille, &c.* Ce Journal contient des faits qui peuvent intéresser l'Astronomie, l'Histoire des Hottentots, & l'Histoire Naturelle. Je crois par conséquent qu'il est bon qu'il soit imprimé. A Paris ce 9 Décembre 1762. GUETTARD.

PRIVILEGE DU ROI.

LOUIS, par la grace de Dieu, Roi de France & de Navarre: A nos Amés & Féaux Conseillers, les Gens tenans nos Cours de Parlement, Maîtres des Requêtes ordinaires de notre Hôtel, Grand-Conseil, Prévôt de Paris, Baillifs, Sénéchaux, leurs Lieutenans Civils & autres nos Justiciers qu'il appartiendra; SALUT : Notre amé PIERRE GUILLYN, Libraire à Paris, Nous a fait exposer qu'il desireroit faire

imprimer & donner au public un ouvrage qui a pour titre, *Journal Hiftori-*
que du voyage fait au Cap de Bonne-
Efpérance, par M. l'Abbé de la Caille.
S'il nous plaifoit lui accorder nos Lettres de permiffion pour ce néceffaires.
A CES CAUSES, Voulant favorablement
traiter l'Expofant, Nous lui avons permis & permettons par ces Préfentes,
de faire imprimer ledit ouvrage autant
de fois que bon lui femblera, & de le
vendre, faire vendre & débiter par tout
notre Royaume, pendant le tems de
trois années confécutives, à compter
du jour de la date des Préfentes; Faifons défenfes à tous Imprimeurs, Libraires & autres perfonnes, de quelque
qualité & condition qu'elles foient,
d'en introduire d'impreffions étrangeres
dans aucun lieu de notre obéiffance. A
la charge que ces Préfentes feront en-
regiftrées tout au long fur le Regiftre de
la Communauté des Imprimeurs & Libraires de Paris, dans trois mois de la
date d'icelles; que l'impreffion dudit
ouvrage fera faite dans notre Royaume,
& non ailleurs, en bon papier & beaux
caracteres, conformément à la feuille
imprimée attachée pour modele, fous.

le contre-Scel des Préfentes ; que l'im-
pétrant fe conformera en tout aux Ré-
glemens de la Librairie, & notamment
à celui du dix Avril 1725 ; qu'avant de
l'expofer en vente, le Manufcrit qui
aura fervi de copie à l'impreffion dudit
ouvrage, fera remis dans le même état
où l'approbation y aura été donnée, ès
mains de notre très-cher & féal Chevalier Chancelier de France, le fieur
DELAMOIGNON, & qu'il en fera enfuite
remis deux exemplaires dans notre Bi-
bliothéque publique, un dans celle de
notre Château du Louvre, un dans celle
dud. Sr DELAMOIGNON, & un dans celle
de notre très - cher & féal Chevalier
Garde des Sceaux de France, le fieur
FEYDEAU DE BROU ; le tout à peine de
nullité des Préfentes ; du contenu def-
quelles Vous mandons & enjoignons
de faire jouir ledit Expofant & fes
ayans caufes, pleinement & paifible-
ment, fans fouffrir qu'il leur foit fait
aucun trouble ou empêchement. Vou-
lons qu'à la copie des Préfentes qui
fera imprimée tout au long au commencement ou à la fin dudit ouvrage,
foi foit ajoutée comme à l'original;
Commandons au premier notre Huiffier

ou Sergent fur ce requis, de faire pour l'exécution d'icelles, tous actes requis & nécessaires fans demander autre permiffion, & nonobftant clameur de Haro, Chartre Normande & Lettres à ce contraires. Car tel eft notre plaifir. Donné à Paris le neuviéme jour du mois de Février, l'an de grace mil fept cens foixante trois, & de notre Regne le quarante-huitiéme.

PAR LE ROI EN SON CONSEIL.

LE BEGUE.

Regiftré fur le Regiftre XV de la Chambre Royale & Syndicale des Libraires & Imprimeurs de Paris, Nᵒ 856, fol. 381, conformément au Réglement de 1723. A Paris ce 19 Février 1763,
LE BRETON, *Syndic.*

Ingram Content Group UK Ltd.
Milton Keynes UK
UKHW021943080523
421401UK00007B/615